1. Auflage

Die Originalausgabe erschien 2019 unter dem Titel
»Portionen under Tian: 300-Kronorsveckorna«.

Während der redaktionellen Arbeit hat der Verlag
die Preise der monatlichen Einkaufslisten geprüft.
40 € hat sich hierbei als Mittelwert ergeben (Stand: Dezember 2022).
Einzelne Monate können abweichen.

Fotos: Ulrika Pousette
Covergestaltung und Layout: Emilie Crispin Ekström
Projektleitung: Philipp Christ
Übersetzung: Katrin Höller, Köln
Gesamtproducing: trans texas publishing services GmbH, Köln
Satz: Satzwerk Huber, Germering
Herstellung: Elke Cramer
Druck und Bindung: Firmengruppe APPL, Wemding
Printed in Germany

FSC www.fsc.org MIX Papier | Fördert gute Waldnutzung FSC® C004592

Penguin Random House Verlagsgruppe FSC® N001967

ISBN 978-3-517-10214-6
www.suedwest-verlag.de

HANNA OLVENMARK

NACHHALTIG KOCHEN

DIE 40€ WOCHE

ÜBER 50 GÜNSTIGE UND SAISONALE REZEPTE FÜR JE 4 PORTIONEN + EINKAUFSLISTE

südwest

Inhalt

Vorwort – 8

Saisonale Lebensmittel – 10

Saisonkalender – 12

Die 40-Euro-Wochen – 16

Januar – 18

Februar – 32

März – 46

April – 60

Mai – 74

Juni – 88

Juli – 102

August – 116

September – 130

Oktober – 144

November – 158

Dezember – 172

Rezeptverzeichnis – 186

Warum nicht einfach kaufen, was es gibt?

»Was, die Paprika haben 10 Euro gekostet?!« Da stand ich und schaute ungläubig auf den Kassenzettel meines extrem teuren Großeinkaufs. Ich war gerade zum Studium nach Umeå in ein Studentenwohnheim gezogen und wollte für meine neuen Kommiliton:innen eine Party geben. Der nächstgelegene Lebensmittelladen war für unser Budget zu teuer, glücklicherweise gab es etwa vier Kilometer von unserem Wohnheim entfernt einen großen Supermarkt. Vor meinem Einkauf für die Party hatte ich eine richtige Einkaufsliste geschrieben, auf der unter anderem »Paprika« und »Dip« standen, das wollte ich als Snack servieren, deshalb hatte ich im Laden auch frische Paprika in meinen Korb gelegt.

Als ich mich über den hohen Betrag wunderte, fragte eine Freundin: »Hast du denn gar nicht auf den Preis geguckt?« »Nö!«, sagte ich. Ich war einfach total auf Paprika mit Dip fixiert und hatte kein bisschen darüber nachgedacht, dass die beste Zeit für Paprika der Spätsommer ist, jedenfalls ganz sicher nicht der Winter. So hatte ich einen unnötig großen Teil meines Monatsbudgets schon ausgegeben.

Diese kleine Anekdote erinnert uns daran, dass die Preise für frische Lebensmittel je nach Monat enorm schwanken können. Dabei war ich eigentlich schon ganz gut darin, preiswert zu kochen: Ich machte Großeinkäufe streng nach Liste, bereitete Lunchboxen vor, aß viele Hülsenfrüchte usw., aber dass auch die Saison eine Rolle spielt, hatte ich noch nicht auf dem Schirm.

Heute leben wir in einer Zeit, in der alle Lebensmittel jederzeit frisch verfügbar sind, sofern wir sie bezahlen können. In mancher Hinsicht ist es fantastisch. Du willst mitten im Winter frische Blaubeeren? Kein Problem! Allerdings sind sie dann nicht gerade günstig.

In meinem vorigen Buch habe ich euch eines meiner Mottos vorgestellt: Stay cheap. Ich habe eine Menge über Lunchboxen, gute Planung und Vorratshaltung, Einkaufslisten und viele weitere Stay-cheap-Tipps geschrieben. In diesem Buch möchte ich die Jahreszeiten mit einbeziehen. Dafür habe ich zwölf Wochenmenüs zusammengestellt – eins für jeden Monat –, in denen ich regionale, frisch geerntete Lebensmittel verarbeite. Das ist nicht nur günstiger und viel besser für unseren Planeten, ich finde auch, dass das Kochen so mehr Spaß macht.

Bei »Stay cheap« geht es darum, bewusster zu entscheiden, welche Ressourcen wir verbrauchen. Die größte Herausforderung der Zukunft heißt »weniger konsumieren«, und das auf vielen Ebenen. Wie verlockend sind all die Angebote, sei es für Reisen, neue Klamotten oder Junkfood! Wir sollten deshalb alle noch besser darin werden, vor einer Kaufentscheidung kurz nachzudenken: Was ist für mich gerade wirklich wichtig? Nur weil zu jeder Zeit alles verfügbar ist, heißt das noch lange nicht, dass wir es auch kaufen und konsumieren müssen.

Stay cheap – stay in season!

Hanna

Saisonale Lebensmittel

»Woher weiß ich denn, was gerade Saison hat?« Diese Frage wird mir oft gestellt, wenn ich darüber spreche, wie günstig es ist, saisonbasiert zu essen. Der Preis gibt meist einen ersten Hinweis: Zucchini sind im Spätsommer günstig und im Winter teuer.

Um es dir einfacher zu machen, habe ich einen Saisonkalender zusammengestellt, nach dem ich auch (größtenteils) meine Rezepte plane. Du findest ihn auf den nächsten Seiten.

Warum sollten wir saisonal regional essen?

- Es ist generell billiger.
- Es ist gesund. Wenn du immer die Lebensmittel isst, die die verschiedenen Jahreszeiten hervorbringen (also immer andere), nimmst du eine Vielzahl unterschiedlicher Nährstoffe auf.
- Es ist gut fürs Klima. Unter anderem verbraucht man weniger Energie, wenn man das Gemüse in der richtigen Saison im Freiland anbaut.
- Es schmeckt besser! Du hast bestimmt selbst schon den Geschmacksunterschied zwischen Tomaten, die du im Winter gekauft hast, und frischen Sommertomaten bemerkt.
- Es macht Spaß! Wenn du saisonal isst, probierst du automatisch mehr unterschiedliche Lebensmittel und hast mehr Rezepte in deinem Repertoire.

Die Tiefkühltruhe ist auch noch da!

Saisonal essen, schön und gut. Aber was tun, wenn du mitten im Winter unbedingt grüne Bohnen essen willst? Du gehst an die Tiefkühltruhe! Im Supermarkt ist sie eine wahre Schatztruhe, in der wir das ganze Jahr Brokkoli, Mais, Kräuter, Bohnen, Spinat und vieles mehr finden – und alles wurde in der Saison geerntet! Tiefkühlgemüse enthält noch alle Nährstoffe. Es ist einer der Grundpfeiler meines Stay-cheap-Lebens, und es ist immer gut, etwas davon zu Hause zu haben. Außerdem werfen wir nicht so viel Tiefkühlgemüse wie frisches Gemüse weg, weil wir meist nur die Menge entnehmen, die wir auch wirklich brauchen.

Ein Hoch also auf die Tiefkühltruhe!

Verzichte auf Flugware!

Es ist wie gesagt aus vielerlei Gründen sehr gut, saisonal zu essen. Mit das Wichtigste, was wir für unseren Planeten tun können, ist, regional zu essen. Ein Teil der Lebensmittel, die im Buch vorkommen, z.B. Hülsenfrüchte, wird zwar größtenteils importiert, ist aber für das Klima trotzdem eine gute Wahl.

Auf was wir aber wirklich verzichten können, das ist Flugware, denn der Co_2-Fußabdruck pro transportiertem Kilo ist hierbei sehr hoch. Es ist nicht immer einfach herauszufinden, welche Waren per Flugzeug zu uns gelangt sind, aber meist sind es Lebensmittel mit einer sehr kurzen Haltbarkeit, die schnell in die Läden kommen müssen, und von denen wir wissen, dass sie hierzulande gar nicht wachsen würden.

Mehr Infos: www.verbraucherzentrale.de (Stichwort »Klimaschutz beim Essen und Einkaufen«)

Verzichte auf	Nimm stattdessen
• frische grüne Bohnen und Zuckererbsen, denn die werden im Winter aus Afrika eingeflogen	• Tiefkühlware oder – im Sommer – frische, deutsche Produkte
• frische Beeren z.B. aus Mexiko, Kanada, den USA oder Afrika	• Tiefkühlbeeren, anderes Obst oder frische Beeren aus Deutschland oder Europa, wenn sie Saison haben
• Spargel, der per Flugzeug aus Südamerika kommt	• Tiefkühlspargel, oder noch besser: Warte auf die Spargelsaison!
• einige exotische Früchte, vor allem weiche (gilt nicht für Früchte, die unreif geerntet werden, wie Bananen, Ananas oder Mango)	• andere Obst- und Gemüsesorten

Saisonkalender

Ich halte mich hier an Obst und Gemüse, das in Deutschland wächst. Es ist dennoch nicht falsch, die Gelegenheit zu nutzen und Importware zu kaufen, wenn sie gerade woanders in Europa Saison hat und daher in großen Mengen und günstig in unseren Geschäften zu haben ist, z.B. Orangen, Clementinen und Mandarinen in der Weihnachtszeit.

Ganzjährig

Karotten
Kartoffeln (keine Frühkartoffeln)
Knoblauch
Kohl (verschiedene Sorten, zum Teil Lagerware)
Lauch
Pastinaken
Rote Beten
rote Zwiebeln
Sellerieknolle
Zwiebeln
(oder Tiefkühlgemüse)

Januar

Äpfel
Grünkohl
Kürbis
Rosenkohl
Rotkohl
Rübchen
Schwarzwurzeln
Weißkohl

Februar

Äpfel
Grünkohl
Kürbis
Rosenkohl
Rotkohl
Rübchen
Weißkohl

März

Äpfel
Chicorée
Feldsalat
Kohlsorten
Kürbis
Rettich

April

Bärlauch
Brennnessel
Kohlsorten
Lauch
Rhabarber
Rübchen
Spinat

MAI

Bärlauch
Blumenkohl
Brennnessel
Brokkoli
Erdbeeren
Frühkartoffeln
Kohlrabi
Radieschen
Rhabarber
Spargel
Spinat

JUNI

Bärlauch
Blumenkohl
Brennnessel
Brokkoli
Erdbeeren
Frühkartoffeln
Rettich
Rhabarber
Salat
Johannisbeeren
Spargel
Spinat
Tomaten
Zucchini
Zuckererbsen

JULI

Aprikosen
Beeren
Blumenkohl
Brokkoli
Fenchel
Frühkartoffeln
Gurken
Kirschen
Kohlsorten
Paprika
Pfifferlinge
Rhabarber
Rübchen
Salate
Spinat
Tomaten
Zucchini
Zuckererbsen

AUGUST

Äpfel
Aprikosen
Beeren
Blumenkohl
Brokkoli
Fenchel
Frühkartoffeln
Gurke
Kirsche
Mais
Paprika
Pfifferlinge
Pfirsiche
Pflaumen/
Zwetschgen
Salate
Spinat
Tomaten
Trauben
Weißkohl
Zucchini

SEPTEMBER

Äpfel
Birnen
Blumenkohl
Bohnen
Brokkoli
Brombeeren
Erbsen
Fenchel
Gurken
Karotten
Kürbis
Paprika
Pastinaken
Pfifferlinge
Pflaumen/Zwetschgen
Rosenkohl
Rotkohl
Salate
Schwarzkohl
Sellerie
Spinat
Stachelbeeren
Tomaten
Trauben
Weißkohl
Zucchini

OKTOBER

Äpfel
Birnen
Blumenkohl
Bohnen
Brokkoli
Brombeeren
Fenchel
Grünkohl
Kohlrabi
Kürbis
Lauch
Mais
Pfifferlinge
Pflaumen/Zwetschgen
Preiselbeeren
Quitten
Radieschen
Rettich
Rosenkohl
Rotkohl
Rübchen
Salate
Sellerie
Spinat
Trauben
Weißkohl
Zucchini

NOVEMBER

Äpfel
Birnen
Brokkoli
Fenchel
Kohlsorten
Kürbis
Quitten
Rettich
Rote Bete
Rübchen
Salate
Sellerie
Spinat

DEZEMBER

Äpfel
Birnen
Chicorée
Feldsalat
Grünkohl
Kürbis
Lauch
Kohlsorten
Pastinake
Rettich
Rübchen

Mehr Infos: www.verbraucherzentrale.de (Stichwort »Saisonkalender«)

Die 40-Euro-Wochen

Nehmen wir mal an, du bist noch auf der Arbeit, und es naht der Feierabend. Schon stellt sich die ewig gleiche Frage: »Was soll ich heute essen?« In solchen Situationen, in denen du vielleicht müde und abgespannt bist, fährst du lieber an der Imbissbude vorbei oder kaufst schnell noch etwas Einfaches, Fertiges im Supermarkt. Beides löst dein Hungerproblem und ist manchmal auch total okay, auf lange Sicht aber weder für die Gesundheit noch fürs Portemonnaie gut.

Wenn du vorausplanst, brauchst du die Essensfrage nicht mehr jeden Tag aufs Neue beantworten, weil du einen Speisezettel hast, den du einmal pro Woche ganz in Ruhe schreibst. Außerdem ist es so viel preiswerter! Durch das Einkaufen nach Liste, vielleicht für eine ganze Woche oder einige Tage auf einmal, verringern sich unnötige Spontankäufe. Falls du mit dem Auto zum Laden fährst, sparst du durch die selteneren Einkäufe auch noch Benzingeld und tust gleichzeitig etwas für die Umwelt. Wenn du dann auch noch viel auf einmal kochst, kannst du mehrere Tage deine Lunchbox füllen und sparst so an Ausgaben für Mittagssnacks.

Dass es schlau ist, so oder so ähnlich zu planen, wissen wir eigentlich alle, aber in der Praxis fällt es oft schwer, sich daran zu halten. Mit meinen 40-Euro-Wochen ist deine Arbeit schon (fast) erledigt: Du brauchst nur noch nach meiner Liste einzukaufen und dem Wochenplan zu folgen. Etwa so wie bei fertig gelieferten Mahlzeitenboxen, nur viel billiger und mit der Möglichkeit, die Lebensmittel zu verwenden, die du ohnehin zu Hause hast.

Wie ist eine 40-Euro-Woche aufgebaut?

- Für jede Woche stelle ich sechs Rezepte für 4 Portionen vor, darunter immer ein Großgericht, das für zwei Tage in der Woche berechnet ist. Wenn euer Haushalt drei Personen hat, nimmst du die Reste einfach für deine Lunchboxen, bei zwei Personen nehmt ihr die Hälfte des Rezepts.
- Die meisten Rezepte sind vegan. Bei den ovo-lacto-vegetarischen Rezepten findest du Vorschläge, wie man vegane Rezepte daraus machen kann.
- Ich gehe davon aus, dass du Hülsenfrüchte selbst einweichst und kochst – das ist am preiswertesten. Du weißt nicht, wie? In meinem vorigen Buch findest du eine ausführliche Anleitung zum Kochen von Hülsenfrüchten.
- Für jede Woche gibt es eine Einkaufsliste. Schreib die Liste so, dass du in deinem Supermarkt schnell und unkompliziert einkaufen kannst.
- Die Wochen sind von den jeweiligen Jahreszeiten inspiriert. Wenn du ein Essen außerhalb der Saison zubereiten möchtest, tausch eine Zutat aus.

Preise variieren je nach Laden. Beim Berechnen des Preises für eine Woche bin ich davon ausgegangen, dass du in einem großen Lebensmittelladen oder Discounter einkaufst. Aber da ich ohnehin immer preisgünstige Basislebensmittel nutze, ist es fast egal, wo du einkaufst.

Die Preise und die Einkaufslisten basieren auf den Mengen, die du für das folgende Rezept brauchst. Wenn dort z.B. »400 g Weizenkörner« steht, musst du vielleicht eine ganze Packung kaufen, die in dem Moment natürlich teurer ist. Dafür kannst du dann beim nächsten Mal wieder weniger kaufen, so gleicht sich die Rechnung wieder aus.

So kannst du gleich loslegen

- Such dir einen guten Wochentag für deinen Einkauf aus. Schreibe eine Einkaufsliste und schau vorher nach, was noch im Haus ist, damit du nichts doppelt kaufst.
- Tausche gern einzelne Zutaten aus! Die Liste ist schließlich nur ein Vorschlag. Gibt es noch Reste im Kühlschrank, die sonst verderben würden? Verbrauche sie zuerst, damit keine Lebensmittel weggeworfen werden.
- Tausche gern einzelne Zutaten aus! Die Liste ist schließlich nur ein Vorschlag. Gibt es noch Reste im Kühlschrank, die sonst verderben würden? Verbrauche sie zuerst, damit keine Lebensmittel weggeworfen werden.

Alle Rezepte sind klimaneutral

Damit wir das Ziel einer maximalen Erderwärmung von 1,5 °C erreichen, hat der WWF als Richtlinie ausgegeben, dass jede Hauptmahlzeit (mittags oder abends) höchstens 0,5 kg CO_2-Äquivalente pro Portion ausstoßen sollte. Im Moment liegt eine Durchschnittsmahlzeit in Industrieländern noch bei 2 kg CO_2 pro Portion.

In diesem Buch habe ich darauf geachtet, dass kein Rezept 0,5 kg CO_2 pro Portion überschreitet. Dies habe ich mithilfe des Tools CarbonAte ausgerechnet, das die forschungsbasierte Firma CarbonCloud entwickelt hat. Zugrunde liegt eine Datenbank von CarbonCloud und dem Forschungsinstitut RISE, in der der Klimafußabdruck verschiedener Lebensmittel aufgelistet wird.

Mehr Infos: www.ifeu.de (unter Publikationen: »Ökologische Fußabdrücke von Lebensmitteln und Gerichten in Deutschland«)

Frohes Neues Jahr

Stay cheap!

40-EURO-WOCHE IM JANUAR

MONTAG

Wärmendes Kartoffelgulasch
Zu tun: Die weißen Bohnen für Dienstag und Samstag einweichen.

DIENSTAG

Kartoffelpüree mit Pilzsauce und grünen Bohnen in Knoblauch
Zu tun: Alle weißen Bohnen kochen und die Portion für Samstag einfrieren.

MITTWOCH

Linsenlasagne mit BBQ-Feeling
Das Großgericht der Woche! Eine Hälfte für Sonntag in den Kühlschrank stellen.
Zu tun: Die Kichererbsen für Donnerstag und Freitag einweichen.

DONNERSTAG

Tomatensuppe mit Olivenpaste

FREITAG

Kohlpizza mit Zitronencreme

SAMSTAG

Bulgursalat mit weißen Bohnen in Petersilienmarinade

SONNTAG

Die Lasagne von Mittwoch aufwärmen.

EINKAUFSLISTE

GEMÜSE

1 kg mehligkochende Kartoffeln +
4 Kartoffeln, Sorte nach Wahl
¼ Sellerieknolle (250 g)
8 Karotten
5 Zwiebeln
3 rote Zwiebeln
8 Knoblauchzehen
200 g Champignons
100 g Grünkohl
300 g Rotkohl
2 Zitronen
1 rote Chilischote

AUS DEM KÜHLREGAL

500 ml Pflanzendrink
200 ml vegane Sahne
1 EL Margarine (oder Butter)
250 g Crème fraîche
160–200 g geriebener Käse nach Wahl
100 g Feta
10 g frische Hefe

TROCKENZUTATEN UND KONSERVEN

240 g Bulgur
500 g Lasagneplatten
750 g gekochte weiße Bohnen
(280 g getrocknete)
180 g getrocknete Belugalinsen
270 g getrocknete rote Linsen
470 g gekochte Kichererbsen
(160 g getrocknete)
190 g Sonnenblumenkerne
4 Dosen gehackte Tomaten (à 400 g)
1 eingelegte gegrillte Paprika
1 Glas sonnengetrocknete Tomaten in Öl
(200–250 g)
10 Oliven, entsteint
325–390 g Weizenmehl

WÜRZMITTEL

5 Würfel Gemüsebrühe
5 TL geräuchertes Paprikapulver
3 Lorbeerblätter
4 TL getrockneter Thymian
2 EL + 1 TL Sojasauce
2½ TL Sambal Oelek
1 TL getrocknetes Basilikum
Salz, schwarzer Pfeffer, weißer Pfeffer

TIEFKÜHLWARE

200 g grüne Bohnen
1–2 EL Kräuter nach Wahl
7 g Petersilie

SONSTIGES

100 ml Rotwein
Öl
Brot zum Gulasch, falls gewünscht

Wärmendes Kartoffelgulasch

4 Portionen • 50 Min. • lacto-vegetarisch • 0,4 kg CO_2/Portion

Ein richtig gutes Herbst- und Wintergericht, das am nächsten Tag fast noch besser schmeckt. Gulasch wird oft mit frischer Paprika zubereitet, aber weil Paprika im Januar keine Saison haben, nehme ich eingelegte. Belugalinsen sind die perfekte Gulaschzutat, denn sie haben genau den richtigen Biss.

¼ Sellerieknolle (250 g), geputzt
2 Karotten, geschält
4 Kartoffeln, geschält
1 eingelegte gegrillte Paprika
1 Zwiebel, abgezogen
2 Knoblauchzehen, abgezogen
1 rote Chilischote
Öl zum Braten
2 TL geräuchertes Paprikapulver
1 Dose gehackte Tomaten (400 g)
400–500 ml Wasser
100 ml Rotwein (falls vorhanden)
1 Würfel Gemüsebrühe
3 Lorbeerblätter
180 g getrocknete Belugalinsen
2 TL getrockneter Thymian
Salz, Pfeffer

Knoblauchsauce
200 g Crème fraîche
1 Knoblauchzehe, abgezogen
1–2 EL TK-Kräuter nach Wahl, z.B. Dill oder Kräutermischung
Salz, Pfeffer

Sellerie, Karotten, Kartoffeln und Paprika in mundgerechte Stücke schneiden. Zwiebel, Knoblauch und Chili fein hacken.

In einem Topf etwas Öl erhitzen, darin das Paprikapulver anschwitzen. Sellerie, Karotten, Kartoffeln, Paprika, Zwiebel, Knoblauch und Chili hinzugeben und auf mittlerer Stufe einige Minuten unter Rühren braten.

Gehackte Tomaten, Wasser und Wein (falls verwendet) hinzufügen. Den zerbröselten Brühwürfel und die Lorbeerblätter zugeben. Die Linsen abspülen und in den Eintopf geben.

Zugedeckt etwa 25 Minuten sanft köcheln – nicht zu stark, sonst zerfallen die Linsen. Ab und zu kontrollieren, ob noch genug Flüssigkeit im Topf ist. Bei Bedarf noch etwas Wasser zugießen.

Unterdessen für die Knoblauchsauce die Crème fraîche mit dem durchgepressten Knoblauch und den Kräutern verrühren. Salzen und pfeffern.

Wenn der Eintopf fertig ist, Thymian und eventuell noch etwas Wasser zufügen – das Ganze soll am Ende eher die Konsistenz einer Suppe haben als die eines Eintopfs. Mit Salz und Pfeffer kräftig abschmecken. Mit der Knoblauchsauce und nach Belieben mit Brot servieren.

Lieber vegan? *Die Crème fraîche durch eine pflanzliche Alternative ersetzen.*

Perfekt für Gäste am Abend!

Kartoffelpüree mit Pilzsauce und grünen Bohnen in Knoblauch

4 Portionen • 30 Min. • vegan • 0,3 kg CO_2/Portion

Dieses Gericht ist unglaublich lecker – es ist schon fast peinlich, wie ich ins Schwärmen gerate. Es klingt vielleicht gar nicht so aufregend, aber versprich mir, es auszuprobieren! Im Übrigen ist es immer super, grüne Bohnen im Tiefkühlfach zu haben; sie ergeben einen prima Salat, wenn mal die Inspiration fehlt oder man keine Lust hat, etwas Aufwendigeres zu kochen.

Kartoffelpüree
1 kg mehligkochende Kartoffeln, geschält
100 ml Pflanzendrink
1 EL Margarine (oder Butter)
Salz, weißer Pfeffer

Sauce
1 Zwiebel
200 g Champignons, geputzt
Öl zum Braten
1 TL Sojasauce
200 ml vegane Sahne
350 g gekochte weiße Bohnen (120 g getrocknete)
schwarzer Pfeffer

Grüne-Bohnen-Salat
1 Knoblauchzehe, abgezogen
200 g grüne Bohnen (TK)
Öl zum Braten

Die grünen Bohnen aus dem Gefrierfach nehmen und auftauen lassen.

Die Kartoffeln würfeln und in reichlich Salzwasser 10 Minuten garen.

Unterdessen für die Sauce Zwiebeln und Champignons in dünne Scheiben schneiden. In etwas Öl weich dünsten. Sojasauce und vegane Sahne hinzugeben und das Ganze einige Minuten köcheln. Die weißen Bohnen hinzugeben und mit schwarzem Pfeffer abschmecken.

Für den Salat den Knoblauch fein hacken und in einer separaten Pfanne mit den aufgetauten grünen Bohnen auf mittlerer Stufe in etwas Öl andünsten.

Die Kartoffeln abgießen, Pflanzendrink und Margarine in einem Topf erwärmen und die Kartoffeln dazugeben. Die Kartoffeln grob zerstampfen und zu Püree verrühren. Nach Geschmack mit Salz und weißem Pfeffer würzen.

Linsenlasagne mit BBQ-Feeling

8 Portionen • 60 Min. • lacto-vegetarisch • 0,3 kg CO_2/Portion

Eines der beliebtesten Gerichte auf meiner Website und aus meinem vorigen Buch sind die Linsen Stroganoff. Es macht mir Spaß, aus bewährten Gerichten etwas Neues zu kreieren, und so habe ich einfach die Stroganoff-Linsen als Grundlage genommen und eine Lasagne daraus gemacht. Richtig gut ist sie!

Sauce

270 g getrocknete rote Linsen
2 Zwiebeln, abgezogen
Öl zum Braten
3 TL geräuchertes Paprikapulver
2 Dosen gehackte Tomaten (à 400 g)
400 ml Wasser
2 Würfel Gemüsebrühe
2 TL Sambal Oelek
2 EL Sojasauce
16 sonnengetrocknete Tomaten, gehackt
4 Karotten, geschält
Salz

Sonnenblumenkerncreme

125 g Sonnenblumenkerne
400 ml Pflanzendrink
500 g Lasagneplatten

Topping

80–120 g geriebener Käse nach Wahl

Dies ist das Großgericht der Woche, perfekt für die Lunchbox!

Den Backofen auf 225 °C vorheizen.

Die Linsen gemäß Packungsanweisung garen.

Die Zwiebeln fein hacken. Etwas Öl in einer Pfanne erhitzen, das Paprikapulver hinzugeben und die Zwiebeln weich dünsten.

Gehackte Tomaten und Wasser zufügen, dann die Brühwürfel hineinbröseln. Mit Sambal Oelek und Sojasauce abschmecken. 10 Minuten köcheln.

Die abgegossenen Linsen zur Tomatensauce geben und vorsichtig umrühren.

Die getrockneten Tomaten unterheben, die Karotten raspeln und hinzugeben. 5–10 Minuten auf niedriger Stufe köcheln lassen. Mit Salz und Pfeffer abschmecken, eventuell noch etwas Wasser hinzufügen. Die Sauce sollte nicht zu dickflüssig werden.

Für die Creme die Sonnenblumenkerne in einer Pfanne ohne Öl rösten. Mit dem Pflanzendrink im Standmixer zu einer glatten Creme mixen. Abschmecken.

Eine Auflaufform einfetten und den Boden mit einer Schicht Tomatensauce bedecken. Abwechselnd Lasagneplatten, Tomatensauce und Creme einschichten, mit Creme abschließen und mit Käse bestreuen. In der Mitte des Ofens 20 Minuten backen.

Lieber vegan? *Veganen Käse nehmen.*

Tomatensuppe mit Olivenpaste

4 Portionen • 30 Min. • vegan • 0,1 kg CO_2/Portion

Wenn du eine Dose gehackte Tomaten, ein paar Kräuter und Karotten zu Hause hast, kannst du ruckzuck eine leckere Tomatensuppe auftischen. Hast du darüber hinaus noch ein paar Oliven und Kichererbsen, kannst du auch noch eine Olivenpaste zubereiten und voilà: Das ergibt ein modernes, ganz einfaches Abendessen. Soll die Suppe noch sättigender werden, kannst du sie mit Linsen oder Graupen anreichern.

1 Zwiebel, abgezogen
2 Knoblauchzehen, abgezogen
Öl zum Braten
1 Würfel Gemüsebrühe
600 ml Wasser
1 Dose gehackte Tomaten (400 g)
2 Karotten, geschält
1 TL Basilikum
1 TL Thymian
½ TL Sambal Oelek
Salz

Olivenpaste
270 g gekochte Kichererbsen (90 g getrocknete)
10 Oliven, entsteint
1 EL Öl
½ TL Sambal Oelek

Zwiebel und Knoblauch fein hacken. In einem Topf in etwas Öl auf mittlerer Stufe ein paar Minuten andünsten. Den Brühwürfel hineinbröseln, Wasser und Tomaten hinzugeben und alles zum Kochen bringen.

Die Karotten raspeln, zufügen und 5 Minuten garen.

Unterdessen für die Olivenpaste Kichererbsen, Oliven, Öl und Sambal Oelek in einem Standmixer oder mit dem Pürierstab zu einer glatten Creme verarbeiten. Mit Sambal Oelek abschmecken und eventuell ein wenig Olivensud hinzugeben, wenn es etwas salziger sein soll.

Basilikum, Thymian und Sambal Oelek zur Suppe geben und weitere 5 Minuten köcheln. Mit Salz abschmecken.

Die Suppe mit der Olivenpaste und etwas Brot servieren.

Kohlpizza mit Zitronencreme

4 Portionen, 8 Stücke • 1 Std. 35 Min. • lacto-vegetarisch • 0,4 kg CO_2/Portion

Ich glaube, ich habe ein wenig gekreischt, als ich diese Pizza das erste Mal probiert habe. Vor lauter Glück!

Pizzateig

10 g frische Hefe
200 ml lauwarmes Wasser
1 TL Salz • 1 EL Olivenöl
325–390 g Weizenmehl

Kichererbsencreme

1 Bio-Zitrone
200 g gekochte Kichererbsen (70 g getrocknete)
3 EL Crème fraîche
1 Knoblauchzehe, abgezogen
Salz

Topping

100 g Rotkohl • 100 g Grünkohl
Öl und Salz
80 g geriebener Käse nach Wahl
schwarzer Pfeffer aus der Mühle
1 TL getrockneter Thymian
2 rote Zwiebeln
65 g Sonnenblumenkerne

Für den Pizzateig die Hefe in eine Schüssel bröckeln. Das Wasser hinzugießen und umrühren, dann Salz und Öl einrühren. Das Mehl nach und nach einarbeiten, bis ein glatter Teig entsteht. Einige Minuten kneten und mit einem Geschirrtuch bedeckt 40 Minuten gehen lassen. Den Backofen auf 250 °C vorheizen.

Den aufgegangenen Teig auf einem bemehlten Stück Backpapier ausrollen.

Für die Creme die Schale der Zitrone abreiben, eine halbe Zitrone auspressen. Die Kichererbsen mit Crème fraîche, Knoblauch, Zitronenschale und -saft im Standmixer zu einer glatten Creme verarbeiten. Diese auf dem Pizzaboden verstreichen.

Den Rotkohl dünn hobeln, den Grünkohl in Streifen schneiden, beides mit etwas Öl und Salz vermengen und auf der Pizza verteilen. Mit Käse, schwarzem Pfeffer und Thymian bestreuen und noch einmal unter dem Geschirrtuch 20 Minuten gehen lassen.

Die Pizza in der Mitte des Ofens 10–12 Minuten backen.

Unterdessen die roten Zwiebeln in feine Ringe schneiden. Die verbliebene ½ Zitrone auspressen und die Zwiebelringe kurz im Saft marinieren. Die Sonnenblumenkerne in einer Pfanne trocken rösten, bis sie etwas Farbe annehmen.

Die Pizza mit Zwiebeln und Sonnenblumenkernen belegen.

Lieber vegan? *Pflanzliche Crème fraîche und veganen Käse nehmen.*

Perfekt für Gäste am Abend!

Bulgursalat mit weißen Bohnen in Petersilienmarinade

4 Portionen • 20 Min. • lacto-vegetarisch • 0,3 kg CO_2/Portion

Ein typisches Last-Minute-Gericht und eine gute Gelegenheit, mehr gesunden Rotkohl zu essen. Die Zutaten für diesen Salat kannst du beliebig austauschen, je nachdem, was du zu Hause hast. Ein prima Resteessen also!

240 g Bulgur
1 Würfel Gemüsebrühe
¼ Kopf Rotkohl (200 g)
400 g gekochte große weiße Bohnen (160 g getrocknete)

Rote-Zwiebel-Pickles
1 rote Zwiebel
Saft von ½ Zitrone

Kräuteröl
1 Knoblauchzehe, abgezogen
7 g TK-Petersilie
50 ml Rapsöl
abgeriebene Schale von 1 Bio-Zitrone, Saft von ½ Zitrone

Topping
100 g Feta

Den Bulgur gemäß Packungsanweisung garen. Den Brühwürfel hinzubröseln und mitkochen. Abgießen und abkühlen lassen.

Den Rotkohl in feine Streifen hobeln.

Für das Kräuteröl alle Zutaten verrühren. Mit weißen Bohnen, Rotkohl und Bulgur vermengen.

Die rote Zwiebel in dünne Ringe schneiden und mit dem Saft der ½ Zitrone vermengen. Unter den Salat heben.

Den Salat mit zerbröckeltem Feta bestreuen.

Lieber vegan? *Zu veganem Feta greifen.*

Tipp! *Hast du einen ganzen Rotkohl und weißt nicht, wie du ihn aufbrauchen sollst? Du könntest ihn im Wok braten, für die Pizza von Seite 28 nehmen oder natürlich einfrieren. Dazu den Kohl in Streifen schneiden und einige Minuten in leicht gesalzenem Wasser blanchieren, abkühlen lassen und in den Tiefkühler geben. Dann kannst du ihn leicht an einem anderen Tag entnehmen, an dem du Lust auf Kohl hast.*

Denk an die Lunchbox!

40-EURO-WOCHE IM FEBRUAR

MONTAG

Asiatischer Rosenkohl mit Erdnusssauce

DIENSTAG

Johannas Selleriegratin

Zu tun: Die gelben Erbsen für die Bolognese am Mittwoch einweichen.

MITTWOCH

Bolognese aus gelben Erbsen

Das Großgericht der Woche! Hebe die eine Hälfte für den Sonntag auf.

DONNERSTAG

Linsensuppe mit Wurzelgemüse und Paprika

Zu tun: Die Kichererbsen für Freitag einweichen.

FREITAG

Rauchige Karottenpizza

Zu tun: Die weißen Bohnen für Samstag einweichen.

SAMSTAG

Indischer Kartoffeltopf mit hausgemachtem Naan

SONNTAG

Genieße es, dass du die fertige Bolognese nur noch aufwärmen musst!

EINKAUFSLISTE

GEMÜSE

500 g Kartoffeln, Sorte nach Wahl
9 Karotten
1 Sellerieknolle (600 g)
500 g Rübchen
6 Zwiebeln
15 Knoblauchzehen
500 g Rosenkohl
4 rote Chilischoten
1 Stück Ingwer (10 cm)
1 Limette
2 Äpfel

AUS DEM KÜHLREGAL

500 ml vegane Sahne
200 ml Pflanzendrink
200 g Crème fraîche
90 g geriebener Käse
30 g frische Hefe

TROCKENZUTATEN UND KONSERVEN

800 g – 1 kg Pasta (= 8 Portionen)
400 g Mie-Nudeln (= 4 Portionen)
270 g Belugalinsen
320 g getrocknete gelbe Erbsen
180 g getrocknete rote Linsen
250 g gekochte Kichererbsen (90 g getrocknete)
400 g gekochte weiße Bohnen (160 g getrocknete)
1–2 EL Sesamsaat
5 Dosen gehackte Tomaten (à 400 g)
2 EL Tomatenmark
2 eingelegte gegrillte Paprikaschoten
780–825 g Weizenmehl
120 g Erdnussbutter

WÜRZMITTEL

4 Würfel Gemüsebrühe
2 TL Thymian • 1 TL Basilikum
2 EL Paprikapulver
1 TL geräuchertes Paprikapulver
1 EL gelbe Currypaste
1 TL gemahlener Zimt
3–4 EL Sojasauce
1–2 TL Sambal Oelek oder Chiliflocken
1 TL Zucker • Salz, Pfeffer

TIEFKÜHLWARE

425 g gehackter Spinat
4 EL Kräuter nach Wahl

SONSTIGES

Rapsöl

Asiatischer Rosenkohl mit Erdnusssauce

4 Portionen • 30 Min. (+ Marinieren über Nacht) • ovo-vegetarisch • 0,3 kg CO_2/Portion

Als ich einmal etwas von meinem Weihnachts-Rosenkohlsalat übrig hatte, habe ich den Salat probeweise im Wok gebraten und mit Erdnusssauce und asiatischen Nudeln serviert. Tadaa! Hier bekommst du also die Inspiration für gleich zwei Gerichte auf einmal: einen Rosenkohlsalat und Rosenkohl aus dem Wok.

Rosenkohlsalat
500 g Rosenkohl
2 TL frisch geriebener Ingwer
2 Knoblauchzehen, abgezogen und zerdrückt
1 rote Chilischote, gehackt
Saft von ½ Limette
2–3 EL geschmacksneutrales Öl, z.B. Rapsöl
1–2 EL Wasser
2 EL Sojasauce
1–2 EL Sesamsaat

Erdnusssauce
120 g Erdnussbutter
Saft von ½ Limette
1 TL geriebener Ingwer
1–2 TL Sojasauce
einige Tropfen Tabasco oder etwas Sambal Oelek
einige TL warmes Wasser

400 g Mie-Nudeln

Den Rosenkohl waschen, putzen und in leicht gesalzenem Wasser einige Minuten bissfest garen. Abkühlen lassen.

Für das Dressing Ingwer und Knoblauch mit Chili, Limettensaft, Öl, Wasser und Sojasauce verrühren.

Die Rosenkohlröschen halbieren und mit dem Dressing vermengen. Der Salat schmeckt noch besser, wenn er über Nacht durchziehen kann, das ist aber kein Muss. Mit Sesam bestreuen.

Die Mie-Nudeln gemäß Packungsanweisung garen.

Unterdessen für die Erdnusssauce alle Zutaten verrühren. Nur so viel warmes Wasser einrühren, bis eine cremige Sauce entsteht.

Eine Pfanne oder einen Wok erhitzen und den marinierten Rosenkohl darin kurz anbraten. Die Nudeln unterheben und die Erdnusssauce separat dazu reichen.

Lieber vegan? *Statt Mie-Nudeln (mit Ei) andere vegane Nudeln verwenden.*

Tipp! *Wenn du keinen frischen Rosenkohl bekommst, funktioniert die TK-Variante ebenso gut!*

Johannas Selleriegratin

4 Portionen • 60 Min. • lacto-vegetarisch • 0,2 kg CO_2/Portion

Ich gebe zu, dass das Wort »Selleriegratin« nicht so verlockend klingt. Als mir eine meiner besten Freundinnen erzählte, sie habe etwas Himmlisches gekocht, im gleichen Satz aber das Wort »Selleriegratin« fiel, war ich skeptisch. Dann ergänzte sie noch: »Ich glaube, das ist richtig günstig, das würde gut in dein Buch passen!« Schon war mein Interesse geweckt, und als ich es dann probiert hatte, fand ich, dass ein Selleriegratin gar keine schlechte Idee ist, sondern eine richtig gute!

1 Zwiebel, abgezogen
1 Knoblauchzehe, abgezogen
½ Chilischote
Öl zum Braten
1 Dose gehackte Tomaten (400 g)
1 Würfel Gemüsebrühe
270 g Belugalinsen
200 ml Wasser
1 TL getrockneter Thymian
1 TL getrocknetes Basilikum
Salz, Pfeffer
1 Sellerieknolle (600 g)
1 Knoblauchzehe, abgezogen
225 g TK-Spinat, aufgetaut
50 g geriebener Käse
Salz, Pfeffer

Den Backofen auf 175 °C vorheizen.

Zwiebel, Knoblauch und Chili fein hacken und in etwas Öl auf mittlerer Stufe andünsten. Tomaten, Brühwürfel, Belugalinsen und Wasser zufügen. 10 Minuten köcheln, dann Thymian und Basilikum einrühren und einige Minuten mitdünsten. Die Sauce mit Salz und Pfeffer kräftig würzen.

Den Sellerie schälen und in dünne Scheiben schneiden.

Den Knoblauch fein hacken und mit dem Spinat einige Minuten in etwas Öl andünsten.

Eine ofenfeste Auflaufform mit etwas Öl einfetten. Wie bei einer Lasagne abwechselnd Sauce, Sellerie und Spinat einschichten. Mit dem Käse bestreuen und im Ofen 45 Minuten backen.

Lieber vegan? *Veganen Käse nehmen.*

Bologneses aus gelben Erbsen

8 Portionen • 50 Min. (+ 12 Std. Einweichen) • vegan • 0,2 kg CO_2/Portion

Hier haben wir einen richtig guten Koch-Lifehack! Oder vielmehr: richtig gutes Hack. Anstatt Veggie-Bolognese aus irgendeinem teuren Ersatzprodukt zu servieren, kannst du auch einfach supergünstig dein eigenes Hack aus gelben Erbsen machen. Echt lecker!

2 Zwiebeln, abgezogen
4 Knoblauchzehen, abgezogen
Öl zum Braten
2 EL Paprikapulver
320 g getrocknete gelbe Erbsen
2 EL Tomatenmark
2 Dosen gehackte oder ganze Tomaten (à 400 g)
200–400 ml Wasser
1 Würfel Gemüsebrühe
4 Karotten, geschält
4 EL TK-Kräuter, z.B. Basilikum oder Petersilie
1–2 TL Sambal Oelek oder Chiliflocken, wenn du es schärfer magst
300 ml vegane Sahne
Salz, schwarzer Pfeffer

800 g–1 kg Pasta (für 8 Portionen)

Die gelben Erbsen mindestens 12 Stunden einweichen (am besten am Vortag).

Zwiebeln und Knoblauch fein hacken. Eine Pfanne heiß werden lassen, Zwiebel und Knoblauch in etwas Öl auf mittlerer Stufe darin weich dünsten. Das Paprikapulver zugeben und mitdünsten.

Die abgetropften Erbsen in der Küchenmaschine grob zerkleinern, bis eine hackfleischähnliche Masse entsteht. In die Pfanne geben und 5 Minuten unter Rühren braten. Tomatenmark, Dosentomaten und Wasser zufügen. Den Brühwürfel hinzubröseln und das Ganze auf mittlerer Stufe schmoren.

Die Karotten in die Sauce raspeln und 10 Minuten mitkochen. Die Kräuter zugeben und alles nach Belieben mit Sambal Oelek oder Chiliflakes abschmecken.

Die Pasta gemäß Packungsanweisung garen.

Die Sauce ist fertig, wenn sie insgesamt 30 Minuten geköchelt hat und die Erbsenmasse schön weich ist. Zum Schluss die vegane Sahne zugießen und alles noch einmal unter Rühren erhitzen.

Mit Salz und Pfeffer abschmecken. Zur Pasta servieren.

Das Großgericht der Woche, perfekt für die Lunchbox!

Linsensuppe mit Wurzelgemüse und Paprika

4 Portionen • 30 Min. • vegan • 0,2 kg CO_2/Portion

Linsensuppe ist eines dieser Gerichte, die du fast immer aus Vorräten zaubern kannst. Hier ist eine Variante mit Wurzelgemüse und gegrillter Paprika.

1 Zwiebel, abgezogen
2 Knoblauchzehen, abgezogen
1 rote Chilischote
Öl zum Braten
3 Karotten, geschält
500 g Rübchen, geschält
1 Dose gehackte Tomaten (400 g)
500 ml Wasser
1 Würfel Gemüsebrühe
2 gegrillte, eingelegte Paprika
180 g getrocknete rote Linsen
1 TL getrockneter Thymian
Salz, Pfeffer

Zwiebel und Knoblauch fein hacken, Chili hacken. Etwas Öl in einem Topf erhitzen und Zwiebel und Knoblauch darin anbraten, dann die Chili zugeben.

Karotten und Rübchen würfeln und in den Topf geben. Gehackte Tomaten, Wasser und Brühwürfel zugeben und das Ganze etwa 10 Minuten köcheln.

Die gegrillte Paprika zugeben, erhitzen und die Suppe glatt pürieren. Die roten Linsen hinzugeben und die Suppe weitere 10 Minuten köcheln. Etwas mehr Wasser zugeben, falls die Suppe zu dickflüssig ist.

Den Thymian einstreuen und die Suppe mit Salz und Pfeffer abschmecken.

Rauchige Karottenpizza

6–8 Stücke (4 Portionen) • 1 Std. 15 Min. (inkl. Teigruhe) •
lacto-vegetarisch • 0,4 kg CO_2/Portion

Wenn sich die fröhlichen Grillabende des Sommers noch weit, weit weg anfühlen, kann man seine Freunde stattdessen zu einem Pizzaabend mit BBQ-Stimmung einladen – hier ist die Pizza dazu. Und wo wir gerade von Pizza sprechen: Schau dir auch die Rezepte auf den Seiten 28, 126 und 156 an.

Pizzateig
10 g frische Hefe
200 ml lauwarmes Wasser
1 TL Salz
1 EL Oliven- oder Rapsöl
450–500 g Weizenmehl

Knoblauchcreme
1 Knoblauchzehe, abgezogen
200 g Crème fraîche

Belag
2 Karotten, geschält
250 g gekochte Kichererbsen (85 g getrocknete)
1 TL geräuchertes Paprikapulver
1 TL Öl
40 g geriebener Käse
schwarzer Pfeffer

Für den Pizzateig die Hefe in eine Schüssel bröckeln. Das Wasser zugießen und umrühren, dann Salz und Öl einrühren. Nach und nach das Mehl hinzugeben und einarbeiten, bis ein glatter Teig entsteht. Einige Minuten kneten und mit einem Geschirrtuch abgedeckt 40 Minuten gehen lassen.

Die Karotten in feine Scheiben schneiden. Mit Kichererbsen, Rauchpaprika und Öl vermengen. Den Knoblauch durchpressen und mit der Crème fraîche verrühren.

Den Backofen auf 250 °C vorheizen.

Den aufgegangenen Teig auf einem bemehlten Stück Backpapier ausrollen. Mit der Knoblauchcreme bestreichen. Die Karotten-Kichererbsen-Mischung darauf verteilen und mit geriebenem Käse bestreuen. In der Mitte des Ofens 10 Minuten backen. Mit etwas schwarzem Pfeffer bestreuen.

Lieber vegan? *Eine vegane Crème-fraîche-Alternative und veganen Käse nehmen.*

Tipp! *Was tun mit der restlichen Hefe? Pizzateig für den nächsten Pizzaabend vorbereiten und einfrieren! Dazu machst du etwas mehr Teig, lässt ihn gehen und formst ihn zu einer oder mehreren Kugeln. Diese kannst du dann einfrieren. Wenn du den Teig verwenden möchtest, lässt du ihn bei Zimmertemperatur auftauen und backst ihn wie gewohnt.*

Indischer Kartoffeltopf mit hausgemachtem Naan

4 Portionen • 90 Min. (inkl. Teigruhe) • vegan • 0,2 kg CO_2/Portion

Mit Äpfeln kochen? Ja, bitte! Richtig gute deutsche Äpfel sind fast das ganze Jahr über zu haben. Lass dir also die Gelegenheit nicht entgehen und koche diesen leckeren Eintopf!

2 Zwiebeln, abgezogen
3 Knoblauchzehen, abgezogen
1 rote Chilischote
2–3 EL Öl
1 TL gemahlener Zimt
1 EL Currypulver
3 EL frisch geriebener Ingwer
500 g Kartoffeln, geschält
2 Äpfel
500 ml Wasser
1 Dose gehackte Tomaten (400 g)
1 Würfel Gemüsebrühe
200 g TK-Spinat, aufgetaut
200 ml vegane Sahne
400 g gekochte weiße Bohnen (160 g getrocknete)
Salz, Pfeffer

Naan

200 ml Pflanzendrink
20 g frische Hefe
3 EL Rapsöl
1 TL Zucker • ½ TL Salz
260–325 g Weizenmehl
2 EL zerlassene Butter oder Öl
1 Knoblauchzehe, zerdrückt

Für das Naan den Pflanzendrink ein wenig erwärmen. Die Hefe in eine Schüssel bröckeln. Den Pflanzendrink zugießen und umrühren, dann Öl, Zucker, Salz und Mehl einarbeiten, bis ein glatter Teig entsteht. Einige Minuten kneten und mit einem Geschirrtuch bedeckt 40 Minuten gehen lassen.

Für den Eintopf die Zwiebeln in Spalten schneiden. Knoblauch und Chili separat fein hacken. Etwas Öl in einer Pfanne oder einem Topf erhitzen, darin Zimt, Curry, Chili und geriebenen Ingwer einige Minuten auf mittlerer Stufe darin braten. Chili, Zwiebeln, und Knoblauch zufügen und braten, bis sie weich sind.

Kartoffeln und Äpfel in kleine Stücke schneiden. In die Pfanne geben, Wasser und gehackte Tomaten zugeben. Den Brühwürfel hineinbröckeln und das Ganze zugedeckt 15–20 Minuten köcheln.

Den Backofen auf 250 °C vorheizen.

Den aufgegangenen Teig auf einem bemehlten Stück Backpapier ausrollen und in 6–8 Portionen teilen. Diese zu flachen Ovalen ausrollen, auf ein Backblech legen und nochmals 10 Minuten gehen lassen. In der Mitte des Ofens 5–10 Minuten backen.

Die zerlassene Butter mit dem Knoblauch verrühren. Das noch warme Brot damit einpinseln und nochmals für 1–2 Minuten in den Ofen schieben. Wenn der Eintopf soweit fertig ist, Spinat, vegane Sahne und Bohnen unterrühren und alles noch einmal erhitzen. Mit Salz und Pfeffer abschmecken.

Hurra, bald ist Frühling!

40-EURO-WOCHE IM MÄRZ

MONTAG

Karotten-Linsen-Suppe mit Kräuterbrot

Zu tun: Als Grundlage für die morgige Lasagne die doppelte Portion Suppe zubereiten.

DIENSTAG

Karottenlasagne mit Feta und sonnengetrockneten Tomaten

Zu tun: Die weißen Bohnen einweichen (für heute und Donnerstag).

MITTWOCH

Marokkanischer Eintopf mit Couscous

Das Großgericht der Woche! Hebe die eine Hälfte für Sonntag auf.

DONNERSTAG

Couscoussalat mit Tomaten-Bohnen-Paste

FREITAG

Mexikanischer One Pot

Zu tun: Die Kichererbsen für die Falafeln am Samstag einweichen.

SAMSTAG

Rote-Bete-Falafeln mit Karottenzaziki und Pommes

SONNTAG

Wärme den marokkanischen Eintopf auf.

EINKAUFSLISTE

GEMÜSE

900 g Kartoffeln, Sorte nach Wahl
2½ kg Karotten
450 g Rote Bete (7–8 Stück)
6 Zwiebeln
1 rote Zwiebel
13 Knoblauchzehen
5 Chilischoten
1 Bio-Zitrone

AUS DEM KÜHLREGAL

200 g Joghurt
50–100 g geriebener Käse
200 g Feta
10 g frische Hefe

TROCKENZUTATEN UND KONSERVEN

1200 g Couscous
400 g Lasagneplatten
1200 gekochte weiße Bohnen
(520 g getrocknete)
250 g getrocknete Kichererbsen
670 g getrocknete rote Linsen
3 Dosen gehackte Tomaten (à 400 g)
1 Glas sonnengetrocknete Tomaten in Öl
(200–250 ml)
2 EL Erdnussbutter oder Tahini
4 eingelegte gegrillte Paprika
60–120 g Grahammehl
250–350 g Weizenmehl

WÜRZMITTEL

5 Würfel Gemüsebrühe
1 EL Oregano
3 TL gemahlener Kreuzkümmel
3 TL Paprikapulver
1 TL gemahlener Zimt
1 TL getrocknete Kräuter
2 TL gemahlener Koriander
2 TL gemahlene Kurkuma
5 TL Sambal Oelek
Salz, Pfeffer

TIEFKÜHLWARE

225 g Mais
30 g Petersilie
100 g Blattspinat

SONSTIGES

Öl
1 EL Weißweinessig

Karotten-Linsen-Suppe mit Kräuterbrot

4 Portionen • 30 Min. (+ 60 Min. Brotbacken) • lacto-vegetarisch • 0,3 kg CO_2/Portion

Von dieser Suppe kannst du die doppelte Menge machen, sodass du eine fertige Saucenbasis für die Karottenlasagne auf der nächsten Doppelseite hast. Das salzige Brot passt super gut zu der leicht süßlichen Suppe.

7 Karotten, geschält
1 Zwiebel, abgezogen
2 Knoblauchzehen, abgezogen
1 Chilischote oder 2 TL Sambal Oelek
Öl zum Braten
1 l Wasser
1 Würfel Gemüsebrühe
180 g getrocknete rote Linsen
Salz, Pfeffer

Kräuterbrot
10 g frische Hefe
200 ml lauwarmes Wasser
1 TL Salz
1 EL Öl
60–120 g Grahammehl
250–350 g Weizenmehl
1 EL Oregano
4 sonnengetrocknete Tomaten
100 g Feta

Beginne mit dem Brotteig: Die Hefe in eine Schüssel bröckeln. Das Wasser zugießen und umrühren, dann Salz und Öl einrühren. Erst das Graham-, dann das Weizenmehl hinzugeben und einarbeiten. Mit der geringeren Menge anfangen und nur so viel Mehl zugeben, bis ein glatter Teig entsteht. Einige Minuten kneten und mit einem Geschirrtuch bedeckt 40 Minuten gehen lassen. Den Backofen auf 250 °C vorheizen.

Für die Suppe die Karotten in grobe Stücke schneiden. Zwiebel, Knoblauch und Chili grob hacken.

Etwas Öl in einem Topf auf mittlerer Stufe erhitzen. Karotten, Zwiebel, Knoblauch und Chili darin andünsten.

Das Wasser zugießen, den Brühwürfel hineinbröseln und die Linsen zugeben. Das Ganze 15 Minuten köcheln, bis die Karotten weich sind. Die Suppe mit dem Stabmixer glatt pürieren, dann mit Salz und Pfeffer abschmecken.

Den aufgegangenen Teig auf einem bemehlten Stück Backpapier ausrollen (10 x 30 cm). Mit Oregano, getrockneten Tomaten und zerbröckeltem Feta belegen. Den Teig längs einrollen wie eine Ciabatta und 10 Minuten im Ofen backen.

Die Suppe mit dem frisch gebackenen Brot servieren.

Lieber vegan? *Für das Brot veganen Käse nehmen.*

Karottenlasagne mit Feta und sonnengetrockneten Tomaten

6 Portionen • 60 Min. • lacto-vegetarisch • 0,4 kg CO_2/Portion

Wenn du die Karottensuppe von der vorigen Doppelseite gekocht hast, ist deine Lasagne im Handumdrehen fertig! Dieses Rezept ergibt recht viel, du kannst also auch deine Lunchbox damit füllen.

Karottensauce (= Suppe aus dem vorhergehenden Rezept)
7 Karotten, geschält
1 Zwiebel, abgezogen
2 Knoblauchzehen, abgezogen
1 Chilischote oder 2 TL Sambal Oelek
Öl zum Braten
1 l Wasser
1 Würfel Gemüsebrühe
200 ml getrocknete rote Linsen
Salz, Pfeffer

400 g Lasagneplatten
Butter oder Öl für die Form

Tomaten-Feta-Mischung
[illegible] g TK-Blattspinat, aufgetaut
10–12 sonnengetrocknete Tomaten, gehackt
50–100 g geriebener Käse
1 TL getrocknete Kräuter, z.B. Basilikum, Thymian
100 g Feta

Für die Sauce die Karotten in grobe Stücke schneiden. Zwiebel, Knoblauch und Chili grob hacken.

Etwas Öl in einem Topf auf mittlerer Stufe erhitzen. Karotten, Zwiebel, Knoblauch und Chili darin andünsten.

Das Wasser zugießen, den Brühwürfel hineinbröseln und die Linsen zugeben. Das Ganze 15 Minuten köcheln, bis die Karotten weich sind. Die Suppe mit dem Stabmixer glatt pürieren, dann mit Salz und Pfeffer abschmecken.

Den Backofen auf 225 °C vorheizen.

Eine große Auflaufform mit Butter oder Öl einfetten. Etwas Karottensauce hineingeben, mit Lasagneplatten belegen. Eine Lage Sauce darübergeben, dann eine Handvoll Spinat und Tomaten, anschließend mit Kräutern und geriebenem Käse bestreuen. Wieder mit Lasagneplatten bedecken und so weiterschichten, bis alles aufgebraucht ist.

Zuletzt mit dem zerbröckelten Feta bestreuen. Etwa 20 Minuten im Ofen backen.

Am besten einen Salat dazu servieren.

Lieber vegan? *Vegane Käsealternativen verwenden, mit Öl statt Butter einfetten.*

Marokkanischer Eintopf mit Couscous

8 Portionen • 30 Min. • vegan • 0,2 kg CO_2/Portion

Dieser würzige Eintopf sieht so gut aus (die Kurkuma gibt dem Couscous eine schöne gelbe Farbe!), dass er alle Blicke auf sich zieht und dass es sich lohnt, mehr davon zu kochen.

4 Knoblauchzehen, abgezogen
2 Chilischoten
Öl zum Braten
1 TL gemahlener Kreuzkümmel
2 TL Paprikapulver
1 TL gemahlener Zimt
1 TL gemahlener Koriander
2 Zwiebeln, abgezogen
4 eingelegte gegrillte Paprika
2 Dosen gehackte Tomaten (à 400 g)
600 ml Wasser
1 Würfel Gemüsebrühe
800 g gekochte weiße Bohnen (320 g getrocknete)
Salz, Pfeffer
960 g Couscous (für 8 Portionen)
2 TL gemahlene Kurkuma

Knoblauch und Chili fein hacken. Auf mittlerer Stufe in einem Topf in etwas Öl zusammen mit allen Gewürzen anbraten.

Zwiebeln und Paprika grob in Stücke schneiden. Ein paar Minuten im Topf mitbraten.

Gehackte Tomaten und Wasser zugeben. Das Ganze 15 Minuten köcheln, dann die gekochten weißen Bohnen zufügen und erhitzen. Mit Salz und Pfeffer abschmecken.

Unterdessen den Couscous gemäß Packungsanweisung zubereiten, dabei die Kurkuma schon mit dem Wasser aufkochen lassen.

Den fertigen Couscous mit dem Eintopf servieren.

Das Großgericht der Woche, perfekt für die Lunchbox!

Das Großgericht der Woche, perfekt für die Lunchbox!

Couscoussalat mit Tomaten-Bohnen-Paste

4 Portionen • 50 Min. • vegan • 0,1 kg CO_2/Portion

Wenn es draußen immer noch ein wenig kühl ist, mache ich gern Salate mit Wurzelgemüse. Hier habe ich im Ofen gebackene Rote Beten mit Couscous, Petersilie und Zitrone gemischt – eine sehr gute Basis. Dazu gibt es eine würzige Tomaten-Bohnen-Creme. Beides schmeckt warm und kalt!

300 g Rote Beten
Öl
Salz
240 g Couscous
abgeriebene Schale von 1 Bio-Zitrone
15 g TK-Petersilie, aufgetaut

Rote-Zwiebel-Pickle
1 rote Zwiebel, abgezogen
1 EL Weißweinessig

Tomaten-Bohnen-Paste
1 Knoblauchzehe, abgezogen
400 g gekochte große weiße Bohnen (200 g getrocknete)
3 sonnengetrocknete Tomaten in Öl plus 2 EL vom ÖL
Saft von 1 Zitrone
Salz, schwarzer Pfeffer

Den Backofen auf 200 °C vorheizen. Die Roten Beten abbürsten oder schälen und in dünne Spalten schneiden. Auf ein Backblech legen, etwas Öl darüberträufeln, salzen und 30 Minuten im Ofen rösten, oder bis sie weich sind.

Die rote Zwiebel in feine Ringe schneiden. Im Weißweinessig marinieren.

Den Couscous gemäß Packungsanweisung zubereiten. Zitronenschale, Petersilie und geröstete Rote Beten untermischen.

Während der Salat durchzieht, die Bohnenpaste zubereiten: Den Knoblauch grob hacken. Mit Bohnen, Tomaten, Würzöl und Zitronensaft mit dem Stabmixer zu einer glatten Creme pürieren. Mit Salz und Pfeffer abschmecken.

Den Couscous mit Tomaten-Bohnen-Paste und Rote-Zwiebel-Pickle servieren.

Mexikanischer One Pot

4 Portionen • 30 Min. • vegan • 0,2 kg CO_2/Portion

Das ist eine meiner Varianten des berühmten schwedischen Taco-Freitags. Du kannst den Eintopf als Taco-Füllung verwenden oder Reste eines Taco-Freitags in diesen Eintopf geben.

1 Zwiebel, abgezogen
400 g Kartoffeln, geschält
2 Karotten, geschält
1 Chilischote
1 TL Paprikapulver
1 TL gemahlener Kreuzkümmel
1 TL gemahlener Koriander
Öl zum Braten
1 Dose gehackte Tomaten (400 g)
600 ml Wasser
1 Würfel Gemüsebrühe
270 g getrocknete rote Linsen
225 g TK Mais, aufgetaut
Salz, Pfeffer

Zwiebel, Kartoffeln und Karotten grob hacken. Die Chili entkernen und fein hacken. In einem Topf Chili, Paprikapulver, Kreuzkümmel und Koriander auf mittlerer Stufe in etwas Öl anbraten.

Zwiebel, Kartoffeln und Karotten zugeben und einige Minuten mitbraten.

Die gehackten Tomaten, das Wasser und den zerbröselten Brühwürfel hinzufügen. 5 Minuten köcheln.

Linsen und Mais zufügen und das Ganze weitere 10 Minuten köcheln, bis Linsen und Kartoffeln weich sind. Mit Salz und Pfeffer abschmecken.

Tipp! *Schau dir für weitere Taco-Freitag-Inspirationen die Kartoffelpuffer mit Erbsen-Guacamole auf Seite 70 an.*

Perfekt für Gäste am Abend!

Rote-Bete-Falafeln mit Karottenzaziki und Pommes

4 Portionen • 60 Min. (+ 12 Std. Einweichen) • lacto-vegetarisch • 0,2 kg CO_2/Portion

Ich bereite meine Falafeln immer aus eingeweichten Kichererbsen oder gelben Erbsen zu, die einfach püriert werden und nicht gekocht werden müssen. Hier kannst du als Basis beides nehmen, je nachdem, was du vorrätig hast.

250 g getrocknete Kichererbsen
1 Würfel Gemüsebrühe
2–3 EL Wasser
1 Zwiebel, abgezogen
3 Knoblauchzehen, abgezogen
15 g gehackte TK-Petersilie
Salz, Pfeffer
1 TL gemahlener Kreuzkümmel
1 TL Sambal Oelek
2 EL Erdnussbutter oder Tahini
3 Rote Beten à 50–60 g, fein gerieben
Öl zum Braten

Pommes
500 g Kartoffeln, geschält
500 g Karotten, geschält
Öl • Salz, Pfeffer
getrockneter Thymian oder Oregano

Karottenzaziki
1 Karotte, geschält
200 g Joghurt
1 Knoblauchzehe, abgezogen
1 EL Raps -oder Olivenöl
Salz, Pfeffer

Die Kichererbsen mindestens 12 Stunden einweichen.

Den Backofen auf 225 °C vorheizen. Für die Pommes Kartoffeln und Karotten in Stäbchen schneiden. Auf einem Backblech verteilen, mit Öl beträufeln, salzen und pfeffern. Mit Thymian oder Oregano bestreuen. In der Mitte des Ofens 25 Minuten backen.

Für die Falafeln den Brühwürfel in 1–2 EL warmem Wasser auflösen. Zwiebel und Knoblauch grob hacken. Die eingeweichten Kichererbsen mit Zwiebel, Knoblauch, Petersilie, Salz, Pfeffer, Kreuzkümmel, Brühe, Sambal Oelek und Erdnussbutter im Standmixer zu einer groben Paste verarbeiten. Die geriebenen Roten Beten gut ausdrücken und mit dem Falafelteig vermengen.

Den Falafelteig zu Kugeln rollen. In einer Pfanne reichlich Öl erhitzen und die Falafeln darin knusprig ausbacken oder frittieren

Für das Zaziki die Karotten fein reiben, mit Joghurt und durchgepresstem Knoblauch verrühren. Zum Schluss das Öl einrühren. Nach Geschmack salzen und pfeffern. Die Falafeln mit Zaziki, Pommes und eventuell einem grünen Salat servieren.

Tipp! *Wenn die rohen Falafeln zu feucht sind, können sie beim Braten schnell auseinanderfallen. Für einen festeren, trockeneren Teig 40–80 g Kartoffelstärke zugeben.*

Lieber vegan? *Eine pflanzliche Joghurtalternative nehmen.*

40-EURO-WOCHE IM APRIL

MONTAG

Gemüsetopf mit Mungbohnen und Reis

Zu tun: Am Morgen die Mungbohnen einweichen; außerdem die Kichererbsen für Dienstag einweichen.

DIENSTAG

Spaghetti mit Paprikapesto und gerösteten Kichererbsen

MITTWOCH

Tandoori mit Linsen

Das Großgericht der Woche! Friere die Hälfte ein.

Zu tun: Wenn du den Reis für dieses Gericht kochst, koche etwa 100 g mehr (trockene Menge), dann hast du schon den Reis für das Donnerstagsgericht.

DONNERSTAG

Kernige Klößchen mit Karottenmus und Estragonsauce

Zu tun: Die schwarzen Bohnen für Freitag und Samstag einweichen.

FREITAG

Kartoffelpuffer mit Erbsen-Guacamole und marinierten schwarzen Bohnen

SAMSTAG

Mais-Erdnuss-Suppe mit schwarzen Bohnen

SONNTAG

Hol das leckere Tandoori von Mittwoch aus der Tiefkühltruhe. Nur noch frischen Reis kochen.

EINKAUFSLISTE

GEMÜSE

600 g mehligkochende Kartoffeln +
1 kg Kartoffeln nach Wahl
12 Karotten
2 Zwiebeln
3 rote Zwiebeln
6 Knoblauchzehen
1½ Chilischoten
1 Limette

AUS DEM KÜHLREGAL

100 ml Pflanzendrink
200 ml vegane Sahne
1 EL Butter oder Margarine
etwas Feta als Topping für das Pesto, nach Belieben

TROCKENZUTATEN UND KONSERVEN

500 g Spaghetti
900 g Reis
160 g getrocknete Mungbohnen
520 g gekochte Kichererbsen (200 g getrocknete)
350 g getrocknete rote Linsen
750 g gekochte schwarze Bohnen (300 g getrocknete)
280 g Sonnenblumenkerne
3 Dosen Kokosmilch (à 400 ml)
7–8 eingelegte gegrillte Paprika
4 EL Tomatenmark
2 EL Erdnussbutter

WÜRZMITTEL

4 Würfel Gemüsebrühe
½ TL gemahlener Kreuzkümmel
1 EL Estragon
1 EL geräuchertes Paprikapulver
1 TL Kardamomkapseln
4 EL Tandoori-Paste oder getrocknetes Tandoori-Gewürz
1 TL Sambal Oelek
2 TL rote Currypaste
2 TL Sojasauce
Salz, schwarzer Pfeffer, weißer Pfeffer

TIEFKÜHLWARE

475 g Brokkoli
250 g Erbsen • 200 g Mais
1 EL Koriander

SONSTIGES

Öl

Gemüsetopf mit Mungbohnen und Reis

4 Portionen • 30 Min. (+ 12 Std. Einweichen) • vegan • 0,3 kg CO_2/Portion

Der Gemüsetopf kocht sich fast von selbst und ist perfekt für Gemüsereste.

160 g getrocknete Mungbohnen
225 g TK-Brokkoli
1 TL Kardamomkapseln
½ TL gemahlener Kreuzkümmel
Öl zum Braten
2 rote Zwiebeln, abgezogen
2 Karotten, geschält
1 Chilischote
240 g Reis
600–800 ml Wasser
1 Würfel Gemüsebrühe
Sojasauce, nach Belieben

Die Mungbohnen 8–12 Stunden einweichen. Den Brokkoli auftauen.

Die Kardamomkapseln im Mörser zerstoßen. Kardamom und Kreuzkümmel in einem großen Topf auf mittlerer Stufe in etwas Öl anbraten.

Die Zwiebeln hacken, Karotten und Brokkoli in kleine Stücke schneiden, die Chili fein hacken. In den Topf geben und einige Minuten vorsichtig mitbraten: Das Gemüse soll etwas weicher werden, aber nicht am Topfboden ansetzen.

Reis, Wasser und Brühwürfel hinzugeben. Aufkochen lassen, die eingeweichten und abgespülten Bohnen zugeben und alles zugedeckt 20 Minuten köcheln. Ab und zu umrühren und bei Bedarf mehr Wasser zufügen. Es sollte nur etwas Wasser am Boden sein.

Sobald der Reis gar ist, ist das Gericht fertig. Falls gewünscht mit etwas Sojasauce abschmecken.

Spaghetti mit Paprikapesto und gerösteten Kichererbsen

4 Portionen • 20 Min. • lacto-vegetarisch • 0,2 kg CO_2/Portion

Pesto kann man aus vielen unterschiedlichen Zutaten machen – sogar aus Paprika!

120 g Sonnenblumenkerne
2 Knoblauchzehen, abgezogen
50 ml Rapsöl
3–4 eingelegte gegrillte Paprika
Salz, Pfeffer

Geröstete Kichererbsen
520 g gekochte Kichererbsen (210 g getrocknete)
1 EL geräuchertes Paprikapulver
Öl zum Braten

500 g Spaghetti

Topping
Feta, optional

Die Sonnenblumenkerne in einer Pfanne trocken rösten, dann fein hacken oder grob im Mixer hacken.

Den Knoblauch fein hacken. In einer Pfanne auf mittlerer Stufe im Öl weich dünsten.

Die Paprika grob hacken, zum Knoblauch geben und ein paar Minuten mitbraten. Den Pfanneninhalt im Standmixer fein zerkleinern. Die Sonnenblumenkerne unterrühren und das Pesto mit Salz und Pfeffer abschmecken.

Die Spaghetti gemäß Packungsanweisung kochen. Währenddessen die Kichererbsen mit dem Paprikapulver in einer Pfanne in etwas Öl rösten.

Die Spaghetti abgießen und mit dem Pesto vermischen. Mit den Kichererbsen und nach Belieben mit zerbröckeltem Feta bestreut servieren.

Tipp! *Das Paprikapesto macht sich auch richtig gut als Brotaufstrich oder als Sauce, z.B. zu Gegrilltem*

Tandoori mit Linsen

8 Portionen • 30 Min. • vegan • 0,4 kg CO_2/Portion

I love this Eintopf! Weil er so einfach zu kochen ist, aber vor allem, weil er so supergut schmeckt. Das perfekte Großgericht für die Lunchbox!

2 Knoblauchzehen, abgezogen
Öl zum Braten
4 EL Tandoori-Paste oder getrocknetes Tandoori-Gewürz
1 TL Sambal Oelek
350 g getrocknete rote Linsen, abgespült
600 ml Wasser
2 Dosen Kokosmilch (à 400 ml)
1 Würfel Gemüsebrühe
4 EL Tomatenmark
4 Karotten, geschält
3–4 eingelegte gegrillte Paprika
Salz, Pfeffer

500 g Reis (für 8 Portionen)

Zuerst den Reis gemäß Packungsanweisung kochen.

Den Knoblauch fein hacken und in einem weiten Topf in etwas Öl andünsten. Tandoori-Paste oder -Gewürz sowie Sambal Oelek einrühren und kurz mitbraten.

Linsen, Wasser und Kokosmilch zugeben, den Brühwürfel in den Topf bröseln und das Tomatenmark einrühren. Aufkochen, dann die Hitze auf mittlere Stufe reduzieren.

Die Karotten klein würfeln, die Paprika in Streifen schneiden. Sobald der Eintopf 5 Minuten gekocht hat, die Karotten zufügen, nach weiteren 5 Minuten die Paprikastreifen.

Weitere 5 Minuten köcheln, bis die Linsen weich sind. Mit Salz und Pfeffer abschmecken.

Mit dem Reis servieren.

Das Großgericht der Woche, perfekt für die Lunchbox!

Kernige Klößchen mit Karottenmus und Estragonsauce

4 Portionen • 40 Min. • lacto-vegetarisch • 0,2 kg CO_2/Portion

Falls du gekochten Reis übrig hast, sind die Klößchen eine ideale Resteverwertung. Sie sind schnell gemacht und schön saftig. Du kannst die Beilagen variieren, aber ich finde, dass du sowohl das Karottenmus als auch die Estragonsauce zumindest probieren solltest!

Karottenmus

600 g mehligkochende Kartoffeln, geschält
4 Karotten, geschält
100 ml Pflanzendrink
1 EL Butter oder Margarine
Salz, weißer Pfeffer

Kernige Klößchen

1 Zwiebel, abgezogen
120 g Sonnenblumenkerne
1 Würfel Gemüsebrühe
1 Prise Pfeffer
250 g gekochter Reis (100 g ungekochter)
Öl zum Braten

Estragonsauce

1 Zwiebel, abgezogen
Öl zum Braten
200 ml vegane Sahne
1 EL getrockneter Estragon
1 Würfel Gemüsebrühe

Für das Mus Kartoffeln und Karotten grob in Stücke schneiden und in reichlich Salzwasser garen.

Unterdessen die Klößchen vorbereiten: Die Zwiebel reiben, die Sonnenblumenkerne im Standmixer fein zerkleinern. Den zerbröselten Brühwürfel, Pfeffer, gekochten Reis und geriebene Zwiebel hinzugeben und alles zu einem glatten Teig mixen. Daraus etwa 20 Kugeln formen und diese auf mittlerer Stufe in etwas Öl braten, eventuell portionsweise.

Für die Sauce die Zwiebel hacken und in einer Pfanne auf mittlerer Stufe in etwas Öl weich dünsten. Sahne, Estragon und zerbröselten Brühwürfel dazugeben und die Sauce einige Minuten köcheln.

Sobald Kartoffeln und Karotten weich sind (das dauert etwa 10 Minuten), das Wasser abgießen. Pflanzendrink und Butter zugeben und erwärmen. Alles zu Mus zerstampfen und verrühren. Kräftig salzen und pfeffern.

Das Mus mit der Estragonsauce zu den Klößchen servieren.

Kartoffelpuffer mit Erbsen-Guacamole und marinierten schwarzen Bohnen

4 Portionen • 30 Min. • vegan • 0,1 kg CO_2/Portion

In Schweden wird der chillige Freitagabend üblicherweise durch Guacamole eingeläutet. Hast du schon mal probiert, die Avocado durch grüne Erbsen zu ersetzen? Es ist preiswerter, klimaschonender und ebenfalls superlecker!

1 kg Kartoffeln, geschält
Salz, schwarzer Pfeffer
Öl zum Braten

Rote-Zwiebel-Pickle
1 rote Zwiebel, abgezogen
Saft von ½ Limette

Marinierte Bohnen
340 g gekochte schwarze Bohnen (125 g getrocknete)
1–2 EL Öl
1 EL TK-Koriander
Salz

Erbsen-Guacamole
250 g TK-Erbsen, aufgetaut
2 Knoblauchzehen, abgezogen
½ Chilischote
40 g Sonnenblumenkerne
2 EL Öl
½ Limette

Die Kartoffeln reiben, mit Salz und Pfeffer bestreuen und einige Minuten stehen lassen. Dann die Flüssigkeit mithilfe eines Geschirrtuchs aus der Kartoffelmasse pressen.

Die Zwiebel in dünne Ringe schneiden und im Limettensaft marinieren.

In einer Pfanne etwas Öl erhitzen und aus den geriebenen Kartoffeln flache Puffer formen. Diese von jeder Seite einige Minuten braten. Sobald sie eine Kruste bekommen, halten sie auch besser zusammen.

Unterdessen für die Erbsen-Guacamole Knoblauch und Chili grob hacken. Mit allen übrigen Zutaten im Standmixer oder mit dem Stabmixer zu einer glatten Creme pürieren.

Die schwarzen Bohnen mit Öl und TK-Koriander vermengen, leicht salzen.

Die Kartoffelpuffer mit den schwarzen Bohnen, dem Rote-Zwiebel-Pickle und der Erbsen-Guacamole servieren.

Tipp! *Die Erbsen-Guacamole macht sich auch supergut als Brotaufstrich oder als Dip.*

Mais-Erdnuss-Suppe mit schwarzen Bohnen

4 Portionen • 30 Min. • vegan • 0,1 kg CO_2/Portion

Weil ich so gerne Suppe esse, probiere ich manchmal aus, was sich so alles »versuppen« lässt. Dieses Rezept ist das Resultat eines solchen Tests. Und ich finde, er war erfolgreich!

2 Karotten, geschält
250 g TK-Brokkoli, aufgetaut
Öl zum Braten
2 TL rote Currypaste
200 g TK-Mais, aufgetaut
1 Dose Kokosmilch (400 ml)
2 EL Erdnussbutter
500 ml Wasser
400 g gekochte schwarze Bohnen (170 g getrocknete)
1 TL Sojasauce

Karotten und Brokkoli separat grob in Stücke schneiden.

Öl in einem Topf erhitzen, darin Currypaste und Mais einige Minuten anbraten. Kokosmilch, Erdnussbutter und Wasser zugeben und alles 10 Minuten köcheln. Die Suppe schön glatt pürieren.

Die Karotten in die Suppe geben und 10 Minuten darin weich kochen. Brokkoli und schwarze Bohnen zufügen und erhitzen. Mit Sojasauce abschmecken.

Tipp! *Du willst die Suppe zur Arbeit mitnehmen? Klar, das geht gut! Ich nehme dafür immer ein Einmachglas mit dicht schließendem Deckel.*

40-EURO-WOCHE IM MAI

Brennnesseln pflücken!

MONTAG	**Mais-Carbonara**
DIENSTAG	**Buchweizenbratlinge mit Pommes und Ajvar-Sauce** **Zu tun:** Die Kichererbsen für das Mittwochsgericht einweichen.
MITTWOCH	**Garam-Masala-Curry mit Tomate, Kokosmilch und Kichererbsen** **Das Großgericht der Woche!** Friere die Hälfte ein.
DONNERSTAG	**Spinat- oder Brennnesselsuppe** **Zu tun:** Die schwarzen Bohnen für das Freitagsgericht einweichen.
FREITAG	**Mais-Quesadillas**
SAMSTAG	**Buchweizenrisotto mit Champignons und Spinat oder Brennnesseln**
SONNTAG	Nimm das Garam-Masala-Curry vom Mittwoch aus dem Eisfach und wärme es auf.

EINKAUFSLISTE

GEMÜSE

1 kg gemischtes Wurzelgemüse, wie Kartoffeln, Karotten, Petersilienwurzel
7 Zwiebeln
9 Knoblauchzehen
2 grüne Chilischoten
1 Stück Ingwer (4 cm)
2 Limetten
200 g Champignons

AUS DEM KÜHLREGAL

500 ml vegane Sahne
100 g Joghurt
1–2 EL Butter oder Margarine
2 Eier
200 g geriebener Käse

TROCKENZUTATEN UND KONSERVEN

500 g Reis
500 g Bandnudeln
575 g ganze Buchweizenkörner
800 g gekochte Kichererbsen (350 g getrocknete)
170 g getrocknete grüne Linsen
340 g gekochte schwarze Bohnen (125 g getrocknete)
10 eingelegte Jalapeños
1 Dose gehackte Tomaten (400 g)
1 Dose Kokosmilch (400 ml)
100 g Ajvar
4 EL Tomatenmark
250 g Weizenmehl
30 g Mais- oder Kartoffelstärke
½ TL Backpulver

WÜRZMITTEL

6 Würfel Gemüsebrühe
2 EL Garam Masala
2 TL Paprikapulver
1 TL geräuchertes Paprikapulver
½ TL Sambal Oelek
Salz, Pfeffer

TIEFKÜHLWARE

900 g Mais
825 g Spinat

SONSTIGES

Öl

Mais-Carbonara

4 Portionen • 20 Min. • ovo-lacto-vegetarisch • 0,4 kg CO_2/Portion

Eines meiner fixesten und verlässlichsten Gerichte ist eine Erbsen-Carbonara. Hier habe ich daraus versuchsweise eine Mais-Carbonara gemacht und – wow – ist das gut! Und so einfach. Innerhalb kürzester Zeit wurde dieses Rezept zum Top-Favoriten auf meiner Homepage und zu einem der meistgekochten Gerichte. Probiere es mal aus!

2 Zwiebeln, abgezogen
1 grüne Chilischote
Öl zum Braten
1 TL geräuchertes Paprikapulver
300 ml vegane Sahne
1 Würfel Gemüsebrühe
1 Pck. TK-Mais (450 g)
2 Eier
50 g geriebener Käse
Salz, schwarzer Pfeffer

500 g Bandnudeln

Die Nudeln gemäß Packungsanweisung minus 1 Minute kochen, dann abgießen.

Zwiebeln und Chili fein hacken. Etwas Öl in einer Pfanne erhitzen. Zwiebeln, Chili und Paprikapulver auf mittlerer Stufe andünsten, bis die Zwiebeln schön weich sind.

Die vegane Sahne zugießen und den Brühwürfel hineinbröseln. Den Mais hinzufügen und alles sprudelnd aufkochen.

Die Nudeln in der Sauce zu Ende garen.

Die Eier verquirlen und zusammen mit dem geriebenen Käse kurz vor dem Servieren unter die Nudeln heben.

Mit Salz und schwarzem Pfeffer kräftig abschmecken.

Lieber vegan? *Statt Eiern am Schluss 100 g grob gehackte gekochte Kichererbsen unterheben. Nach Belieben mit geriebenem veganem Käse oder 1–2 EL Hefeflocken verfeinern.*

Variante! *Möchtest du die bewährte Erbsen-Carbonara probieren? Lass den Chili weg und nimm TK-Erbsen statt Mais.*

Tipp! *Dosenmais funktioniert hier auch gut, wenn du ihn zu Hause hast, aber TK-Mais schmeckt noch etwas frischer!*

Buchweizenbratlinge mit Pommes und Ajvar-Sauce

4 Portionen • 45 Min. • lacto-vegetarisch • 0,2 kg CO_2/Portion

Buchweizen ist eine gute Basis für die Bratlinge, weil er sie fest zusammenhält. Hier bekommt er Gesellschaft von Spinat. Richtig gut schmeckt dazu eine einfache Joghurtsauce mit Ajvar.

1 kg gemischtes Wurzelgemüse, z.B. Kartoffeln, Karotten, Pastinaken, geschält
3 EL Öl
Salz

Buchweizenbratlinge
225 g ganze Buchweizenkörner
1 Zwiebel, abgezogen
2 Knoblauchzehen, abgezogen
1 Würfel Gemüsebrühe
225 g TK-Spinat, aufgetaut
30 g Mais- oder Kartoffelstärke
Salz, Pfeffer
Öl zum Braten

Ajvar-Sauce
100 g Ajvar
100 g Joghurt

Den Backofen auf 225 °C vorheizen.

Das Wurzelgemüse in dicke Stifte schneiden, im Öl wenden und auf einem Backblech verteilen. Leicht salzen und 30 Minuten im Ofen backen, bis die Kanten dunkel werden.

Den Buchweizen nach Packungsanweisung kochen. Es macht nichts, wenn er zu lange kocht und ein wenig breiig wird. Abkühlen lassen.

Zwiebel und Knoblauch in eine Schüssel reiben. Den zerbröselten Brühwürfel, Buchweizen, Spinat und Stärke zufügen und alles vermengen. Den Teig mit Salz und Pfeffer abschmecken, zu Bratlingen formen und in einer Pfanne auf mittlerer Stufe in etwas Öl braten.

Ajvar und Joghurt in einem Schälchen mit einer Gabel spiralförmig verrühren, sodass die beiden Farben noch zu erkennen sind.

Die Bratlinge mit den Ofenpommes und der Sauce servieren.

Lieber vegan? *Eine pflanzliche Joghurtalternative nehmen.*

Garam-Masala-Curry mit Tomate, Kokosmilch und Kichererbsen

8 Portionen • 30 Min. • vegan • 0,3 kg CO_2/Portion

Füll deine Tiefkühltruhe mit Lunchboxen, oder zehre während der Woche von diesem Großgericht. Genau diese Art Eintopf eignet sich hervorragend dafür, denn die Gewürze entfalten sich besonders gut, wenn das Gericht noch einmal aufgewärmt wird.

2 Zwiebeln, abgezogen
4 Knoblauchzehen, abgezogen
2 EL frisch geriebener Ingwer
Öl zum Braten
2 Würfel Gemüsebrühe
2 EL Garam Masala
½ TL Sambal Oelek
4 EL Tomatenmark
2 TL Paprikapulver
1 Dose Kokosmilch (400 ml)
200 ml Wasser
1 Dose gehackte Tomaten (400 g)
800 g gekochte Kichererbsen (350 g getrocknete)
1 Limette
Salz

500 g Reis (für 8 Portionen)

Zwiebeln und Knoblauch fein hacken. Beides in einer Pfanne mit etwas Öl und dem Ingwer auf mittlerer Stufe weich dünsten. Brühwürfel, Garam Masala, Sambal Oelek, Tomatenmark und Paprikapulver zugeben und einige Minuten mitdünsten.

Kokosmilch, Wasser und gehackte Tomaten zugeben und das Ganze 15 Minuten auf niedriger Stufe köcheln.

In der Zwischenzeit den Reis gemäß Packungsanweisung kochen.

Wenn der Reis gar ist, die gekochten Kichererbsen ins Curry geben und erhitzen. Mit Limettensaft und Salz abschmecken.

Das Garam-Masala-Curry mit Reis servieren.

Das Großgericht der Woche, perfekt für die Lunchbox!

Spinat- oder Brennnesselsuppe

4 Portionen • 40 Min. • lacto-vegetarisch • 0,1 kg CO_2/Portion

Wenn die Brennnesselsaison beginnt, kann man die grünen, nährstoffreichen Blätter prima auf einem Spaziergang pflücken. Diese Suppe gelingt aber ebenso gut mit Blattspinat.

400 g TK-Spinat oder frische Brennnesselblätter
1 l Wasser
1 Zwiebel, abgezogen
2 Knoblauchzehen, abgezogen
1–2 EL Butter oder Margarine
1 Würfel Gemüsebrühe
170 g getrocknete grüne Linsen
200 ml vegane Sahne
Salz, Pfeffer

Wenn du Brennnesseln verwendest: Diese gut abspülen und putzen, Wurzeln und dicke Stängel entfernen.

Die Hälfte des Wassers zum Kochen bringen. Die Brennnesseln darin 5 Minuten kochen. Das Kochwasser in eine Schüssel abseihen und beiseitestellen. Die Blätter grob hacken.

Zwiebel und Knoblauch fein hacken. In einem Topf auf mittlerer Stufe in Butter oder Margarine einige Minuten dünsten.

Bei Verwendung von Spinat nun das gesamte Wasser zugießen (für Brennnesseln das Kochwasser + die restlichen 500 ml Wasser) sowie den Brühwürfel und die Linsen. Aufkochen und 15 Minuten köcheln, bis die Linsen weich sind. Die Brennnesselblätter oder den Spinat hineingeben, die vegane Sahne zugießen und die Suppe noch einmal erhitzen. Alles mit Salz und Pfeffer abschmecken.

Frisches Brot dazu reichen.

Perfekt für Gäste am Abend!

Mais-Quesadillas

4 Portionen • 40 Min. • lacto-vegetarisch • 0,4 kg CO_2/Portion

Ich liebe Maiscreme, weil man sie für so vieles einsetzen kann. Da dachte ich mir eines Tages: »Könnte man die Maiscreme vielleicht auf einen Tortillawrap streichen und hätte dann so eine Art Quesadilla?« O ja, das konnte man! Richtig lecker – ich verspreche, dass du beim Taco-Freitag damit Eindruck schinden kannst!

Maiscreme

450 g TK-Mais
1 grüne Chilischote
100 g geriebener pikanter Käse nach Wahl
Saft von 1 Limette
340 g gekochte schwarze Bohnen (125 g getrocknete) oder andere Bohnen
10 eingelegte Jalapeños
Salz und Pfeffer

Tortillawraps

250 g Weizenmehl
½ TL Backpulver
½ TL Salz
½ EL Öl
100 ml Wasser

Mais und Chili in einer trockenen Pfanne rösten. Danach Mais, Chili, Käse und Limettensaft in einem Standmixer oder mit dem Stabmixer zu einer Creme pürieren.

Für die Tortillas die trockenen Zutaten mischen, dann Wasser und Öl hinzugeben. Den Teig kneten, in acht Portionen teilen und jeweils rund ausrollen. In einer Pfanne ohne Öl von beiden Seiten backen. Herausnehmen, sobald sie beginnen, etwas Farbe anzunehmen.

Die Maiscreme auf vier Tortillas streichen. Die Bohnen grob mit einer Gabel zerdrücken und auf der Maiscreme verteilen. Salzen und pfeffern. Die Jalapeños fein hacken und darüberstreuen.

Die übrigen vier Tortillas auflegen. Noch einmal in der trockenen Pfanne auf beiden Seiten backen, bis die Füllung gut durcherhitzt ist. Die Quesadillas vierteln.

Lieber vegan? *Veganen Käse nehmen.*

Tipp! *Keine Zeit oder erschöpft von der Woche? Kauf einfach fertige Tortillawraps.*

Buchweizenrisotto mit Champignons und Spinat oder Brennnesseln

4 Portionen • 40 Min. • lacto-vegetarisch • 0,4 kg CO_2/Portion

Buchweizen ist kein Getreide – obwohl es sich vielleicht so anhört –, sondern ein Pseudogetreide. Daher ist es super für Menschen, die kein Gluten vertragen. Im Frühling sprießen die Brennnesseln, und wenn du fleißig Blätter pflückst, kannst du daraus ein richtig raffiniertes und obendrein günstiges Essen zaubern. Mit Spinat schmeckt es aber ebenso gut.

1 Zwiebel, abgezogen
1 Knoblauchzehe, abgezogen
Öl zum Braten
1 Würfel Gemüsebrühe
1 l kochendes Wasser
300 g ganze Buchweizenkörner
200 g TK-Blattspinat (aufgetaut) oder frische Brennnesselblätter
200 g Champignons
Salz, Pfeffer
50 g geriebener Hartkäse

Zwiebel und Knoblauch fein hacken. In einer großen Pfanne auf mittlerer Stufe einige Minuten in etwas Öl braten, bis die Zwiebel glasig ist. Den Brühwürfel im kochenden Wasser auflösen.

Den Buchweizen mit heißem Wasser abspülen und zu Zwiebel und Knoblauch in die Pfanne geben. Etwa 200 ml der warmen Brühe zugießen. Sobald die Flüssigkeit aufgesogen ist, weitere Brühe zugeben und rühren. So lange weitermachen, bis die Buchweizenkörner außen weich, aber innen noch leicht bissfest sind.

Falls du Brennnesseln verwendest: Diese gründlich abspülen und putzen, Wurzeln und dicke Stängel entfernen. In kochendem Salzwasser 1 Minute blanchieren, dann abgießen.

Die Champignons in Scheiben schneiden und in einer separaten Pfanne in etwas Öl braten, salzen und pfeffern.

Wenn der Buchweizen fertig ist, die Hälfte des geriebenen Käses, die Champignons und den Spinat oder die Brennnesseln unterheben. Mit Salz und Pfeffer abschmecken. Zum Servieren mit dem übrigen Hartkäse bestreuen.

Lieber vegan? *Veganen Käse oder Hefeflocken verwenden.*

Tipp! *Hast du gerade keinen Buchweizen, aber Rundkornreis? Dann nimm den stattdessen!*

40-EURO-WOCHE IM JUNI

Lunch im Garten servieren!

Schönen Sommer!

MONTAG	**Kartoffelsalat mit Belugalinsen und Zitronendressing** **Zu tun:** Die Kidneybohnen für Dienstag und Mittwoch einweichen.
DIENSTAG	**Vegane Köttbullar mit Spaghetti und Tomatensauce**
MITTWOCH	**Erdnusstopf** **Das Großgericht der Woche!** Friere die Hälfte bis Sonntag ein.
DONNERSTAG	**Grüne Erbsensuppe**
FREITAG	**Süßkartoffel-Wraps** **Zu tun:** Die gelben Erbsen für Samstag einweichen.
SAMSTAG	**Erbsenbratlinge mit Ofengemüse**
SONNTAG	Wärm deinen leckeren Erdnusstopf von Mittwoch auf.

EINKAUFSLISTE

GEMÜSE

1 kg Frühkartoffeln
1 große Süßkartoffel
1 kg Kartoffeln oder Wurzelgemüse nach Wahl (z.B. Karotten, Rote Beten)
7 Zwiebeln
13 Knoblauchzehen
200 g Brokkoli
1 Chilischote
2 Zitronen
1 Limette
6–7 Stängel Petersilie
+ 4 EL gehackte Petersilie
gemischtes Gemüse für die Süßkartoffel-Wraps (perfekt zum Aufräumen des Gemüsefachs)

AUS DEM KÜHLREGAL

200 g Joghurt
50 g geriebener Käse
100 g Feta

TROCKENZUTATEN UND KONSERVEN

500 g Spaghetti
500 g Reis
4 Tortillawraps, selbstgemacht (siehe Seite 85) oder gekauft
160 g Weizenkörner
440 g getrocknete Belugalinsen
450 g gekochte Kidneybohnen (180 g getrocknete)
250 g getrocknete gelbe Erbsen
120 g Sonnenblumenkerne
200 g Erdnusskerne
4 Dosen gehackte Tomaten (à 400 g)
1 EL Tomatenmark
35 g Haferflocken

WÜRZMITTEL

6 Würfel Gemüsebrühe
1 EL Honig oder Rohrzucker
1 EL Sojasauce
3 TL Currypulver
2 TL Paprikapulver
2 TL Sambal Oelek oder ein paar Tropfen Tabasco
Salz, Pfeffer

TIEFKÜHLWARE

3–4 EL Kräuter nach Wahl, z.B. Basilikum, Petersilie
800 g grüne Erbsen
2½ EL Koriander

SONSTIGES

Öl
3 TL Essig

Kartoffelsalat mit Belugalinsen und Zitronendressing

4 Portionen • 40 Min. • lacto-vegetarisch • 0,2 kg CO_2/Portion

Diesen Salat solltest du einplanen, wenn Frühkartoffeln gerade Saison haben. Alternativ schmecken auch Drillinge. Belugalinsen passen perfekt dazu!

270 g getrocknete Belugalinsen
1 kg Frühkartoffeln mit Schale
6–7 Stängel frische Petersilie
200 g Brokkoli, in Röschen geteilt
Öl zum Braten
50 g geriebener Käse (Sorte nach Wahl, gern kräftig)

Dressing

1 EL Honig oder Rohrzucker
2 EL Raps- oder Olivenöl
abgeriebene Schale und Saft von 1 Bio-Zitrone
Salz, Pfeffer

Perfekt für Gäste am Abend!

Die Belugalinsen gemäß Packungsanweisung kochen. Die Kartoffeln in einem anderen Topf garen.

Unterdessen für das Dressing Honig oder Zucker, Öl, Zitronenschale und -saft verrühren, salzen und pfeffern. Nach Belieben mit etwas Brühe verdünnen.

Die Petersilienblättchen abzupfen und hacken, die Stängel aufheben (siehe Tipp).

Den Brokkoli in einer Pfanne mit etwas Öl knackig anbraten.

Die Kartoffeln halbieren, mit den Linsen in eine Schüssel geben, das Dressing darübergießen und alles vermengen. Mit Salz und Pfeffer abschmecken.

Die Petersilie unterheben, Käse und Brokkoli über den Salat streuen.

Lieber vegan? *Eine vegane Käsealternative verwenden.*

Tipp! *Friere die Petersilienstängel für ein Pesto ein,* *siehe Seite 125.*

Vegane Köttbullar mit Spaghetti und Tomatensauce

4 Portionen • 40 Min. • vegan • 0,2 kg CO_2/Portion

Diese veganen Köttbullar (»Schmeckleckerbällchen«) sind meine vegane Antwort auf die traditionellen Fleischbällchen. Du kannst sie mit den verschiedensten Zutaten variieren und Gemüsepüree, Kartoffeln, Weizenkörner und vieles andere dazu essen. Oder wie hier zum Klassiker »Spaghetti mit Tomatensauce«.

Tomatensauce

1 Zwiebel, abgezogen
2 Knoblauchzehen, abgezogen
Öl zum Braten
1 Dose gehackte Tomaten (400 g)
1 Würfel Gemüsebrühe
1 EL Tomatenmark
1–2 EL TK-Kräuter nach Wahl

Vegane Köttbullar

60 g Sonnenblumenkerne
450 g gekochte Kidneybohnen (180 g getrocknete)
35 g Haferflocken
1 Zwiebel, abgezogen
1 EL Sojasauce
Pfeffer
Öl zum Braten

500 g Spaghetti

Für die Tomatensauce Zwiebel und Knoblauch grob hacken und in einer Pfanne mit etwas Öl weich dünsten. Die gehackten Tomaten zugeben und aufkochen. Brühwürfel und Tomatenmark zufügen und die Sauce auf niedriger Stufe weiterköcheln.

Die Spaghetti gemäß Packungsanweisung kochen.

Unterdessen die Bällchen vorbereiten: Die Sonnenblumenkerne im Standmixer fein mahlen und in eine Schüssel geben. Danach die Kidneybohnen mit den Haferflocken im Mixer grob zerkleinern. Zu den Sonnenblumenkernen geben. Die Zwiebel fein reiben, mit Sojasauce und Pfeffer zur Bohnenmischung geben und alles gründlich vermengen.

Aus der Masse etwa 20 Bällchen formen, diese in der Pfanne auf mittlerer Stufe in Öl braten.

Die Kräuter in die Tomatensauce rühren, dann die Sauce glatt pürieren. Noch einmal erhitzen und unter die Nudeln rühren.

Mit den Schmeckleckerbällchen servieren.

Das Großgericht der Woche, perfekt für die Lunchbox!

Erdnusstopf

8 Portionen • 40 Min. • vegan • 0,4 kg CO_2/Portion

Bei einem Mittsommerfest bekam ich einmal eine richtig gute Grillsauce vorgesetzt. Ich habe dann versucht, sie in ein komplettes Gericht für die Lunchbox umzuwandeln, und es hat geklappt! Hier hast du also ein Toprezept für Grillabende mit Freunden, aber auch für Tage, an denen dir die Lunchbox als Freundin genügen muss.

2 Zwiebeln, abgezogen
4 Knoblauchzehen, abgezogen
Öl zum Braten
3 TL Currypulver
2 TL Paprikapulver
3 Dosen gehackte Tomaten (à 400 g)
2 Würfel Gemüsebrühe
2 TL Essig
200 g Erdnusskerne
1 TL Sambal Oelek oder ein paar Tropfen Tabasco
750 g gekochte Kidneybohnen (300 g getrocknete)
Salz, schwarzer Pfeffer

500 g Reis (für 8 Portionen)

Den Reis gemäß Packungsanweisung kochen.

Zwiebeln und Knoblauch hacken und in einer Pfanne auf mittlerer Stufe in Öl andünsten. Curry- und Paprikapulver mitdünsten, bis die Zwiebeln weich und glasig sind.

Gehackte Tomaten, Brühwürfel, Essig, Erdnüsse und Sambal Oelek oder Tabasco hinzufügen. Das Ganze aufkochen und 20–25 Minuten köcheln.

Die gekochten Kidneybohnen hinzugeben und erhitzen. Mit Salz und Pfeffer abschmecken.

Mit dem Reis servieren.

Tipp! *Dieser Eintopf schmeckt auch richtig gut mit den verschiedensten pürierten Hülsenfrüchten, z.B. Kichererbsen, schwarzen oder weißen Bohnen.*

Grüne Erbsensuppe

4 Portionen • 20 Min. • lacto-vegetarisch • 0,3 kg CO_2/Portion

Ein Turbogericht mit großem T! Weil nämlich alles einfach püriert wird, brauchst du kaum zu schnippeln oder zu hacken. Außerdem kannst du die Suppe sowohl warm als auch kalt genießen, das heißt, sie schmeckt zu jeder Jahreszeit und in jeder Stimmung!

1 Zwiebel, abgezogen
2 Knoblauchzehen, abgezogen
Öl zum Braten
500–700 ml Wasser
2 Würfel Gemüsebrühe
700 g grüne TK-Erbsen
Saft von 1 Zitrone
Salz, Pfeffer
½ TL Sambal Oelek

Topping
60 g Sonnenblumenkerne
1 EL TK-Kräuter nach Wahl (z.B. Basilikum, Petersilie)
Salz, Pfeffer
100 g Feta

Zwiebel und Knoblauch grob zerkleinern (werden später püriert).

Etwas Öl in einem Topf erhitzen und Zwiebel und Knoblauch darin auf mittlerer Stufe weich dünsten.

Wasser und Brühwürfel zugeben. Die Erbsen zufügen und auf niedriger Stufe 10 Minuten garen.

Die Suppe im Mixer oder mit dem Stabmixer glatt pürieren. Mit Zitronensaft, Salz, Pfeffer und Sambal Oelek abschmecken.

Die Sonnenblumenkerne in einer kleinen Pfanne trocken rösten, bis sie etwas Farbe annehmen. Die Kräuter unterrühren, dann kräftig salzen und pfeffern.

Die Suppe garniert mit Sonnenblumenkernen und Feta servieren, dazu ein leckeres Brot reichen, z.B. das Kräuterbrot von Seite 48.

Lieber vegan? *Mit veganem Feta oder einer anderen Käsealternative servieren. Oder weglassen.*

Süßkartoffel-Wraps

4 Portionen • 50 Min. • vegan • 0,2 kg CO_2/Portion

Vor drei Jahren habe ich mit Freunden einen Roadtrip auf den Lofoten unternommen. Ich war für das Essen verantwortlich und hatte alles im Voraus geplant – auch diese Wraps –, damit wir unterwegs nicht andauernd einkaufen mussten. So haben wir nicht nur null Kronen an langweiligen Imbissbuden ausgegeben, sondern konnten unser mitgebrachtes Essen auch noch an Orten mit fantastischem Ausblick verzehren.

1 große Süßkartoffel
160 g Weizenkörner
170 g getrocknete Belugalinsen
Saft von 1 Limette
1 Knoblauchzehe, abgezogen
1 TL TK-Koriander
Chili (optional)
Salz, Pfeffer
Gemüse nach Wahl (perfekt zum Aufräumen des Gemüsefachs)

4 selbstgemachte Tortillawraps (Seite 85) oder gekaufte

Den Backofen auf 225 °C vorheizen.

Die Süßkartoffel halbieren und die Hälften mit der Schale nach oben auf ein Backblech legen. Im Ofen 20–30 Minuten backen, bis sie weich sind.

Unterdessen Weizenkörner und Belugalinsen separat gemäß Packungsanweisung garen.

Die fertigen Süßkartoffelhälften etwas abkühlen lassen, dann mit dem Löffel aushöhlen und das Süßkartoffelfruchtfleisch mit Limettensaft, Knoblauch, Koriander und Chili (falls verwendet) pürieren. Mit Salz und Pfeffer abschmecken.

Weizen und Linsen mischen. Die Tortillawraps mit dem Süßkartoffelmus bestreichen, die Weizenmischung darauf verteilen und mit klein geschnittener Rohkost nach Wahl belegen.

Zu Wraps rollen und in Papier einwickeln.

Erbsenbratlinge mit Ofengemüse

4 Portionen • 40 Min. (+ 12 Std. Einweichen) • lacto-vegetarisch • 0,3 kg CO_2/Portion

Bratlinge, Frikadellen, Puffer … ich mache sie alle, weil sie sich mit so vielen verschiedenen Zutaten und Beilagen variieren lassen. Das hier sind meine besten Erbsenbratlinge – mit einem erfrischenden Kräuterjoghurt serviert.

Erbsenbratlinge
1 Zwiebel, abgezogen
2 Knoblauchzehen, abgezogen
250 g getrocknete gelbe Erbsen
100 g grüne TK-Erbsen, aufgetaut
1 Würfel Gemüsebrühe
1 EL TK-Basilikum
Öl zum Braten

Ofengemüse
1 kg Kartoffeln und Gemüse, z.B. Karotten, rote Zwiebeln, Rote Bete
Öl • Salz

Kräuterjoghurt
1 Zwiebel, abgezogen
2 Knoblauchzehen, abgezogen
50 ml Rapsöl
4 EL frisch gehackte Petersilie
2 EL TK-Koriander
1 EL Essig
½ TL Sambal Oelek
200 g Joghurt

Die gelben Erbsen mindestens 12 Stunden einweichen.

Den Backofen auf 225 °C vorheizen. Das Ofengemüse in Stücke oder Spalten schneiden und auf ein Backblech legen. Mit Öl beträufeln, salzen und etwa 30 Minuten im Ofen rösten.

Die grünen Erbsen auftauen, Zwiebel und Knoblauch grob hacken.

Die eingeweichten gelben Erbsen in der Küchenmaschine wie Hackfleisch zerkleinern. In eine Schüssel geben und beiseitestellen.

Die Hälfte der grünen Erbsen, Zwiebel, Knoblauch und Brühwürfel zu einer glatten Creme pürieren.

Die Erbsencreme mit restlichen grünen Erbsen, gelben Erbsen und Basilikum verkneten und zu Bratlingen formen.

Für den Kräuterjoghurt Zwiebel und Knoblauch fein hacken und mit allen übrigen Zutaten verrühren.

Die Bratlinge in einer großen Pfanne auf mittlerer Stufe in etwas Öl braten. Servieren, sobald das Ofengemüse gar ist.

Lieber vegan? *Für den Kräuterjoghurt eine pflanzliche Joghurtalternative nehmen.*

Tipp! *TK-Petersilie statt frischer nehmen.*

40-EURO-WOCHE IM JULI

Sonnenbrille und Bikini einpacken!

MONTAG

Spaghetti mit Zucchini-Tomaten-Sauce

DIENSTAG

Beluga-Blech mit Chimichurri

MITTWOCH

Griechische Tomaten-Oliven-Quiche

Das Großgericht der Woche! Bewahre die eine Hälfte für den Sonntag auf.

Zu tun: Die weißen Bohnen für Donnerstag und Freitag einweichen.

DONNERSTAG

Brokkoli-Kartoffel-Suppe mit weißen Bohnen und Paprika-Croûtons

Zu tun: Die weißen Bohnen kochen, bevor du mit der Zubereitung der Suppe beginnst – am besten auch schon für das Freitagsgericht.

FREITAG

Burger mit Tomaten-Bohnen-Patty

Zu tun: Die schwarzen Bohnen für Samstag einweichen.

SAMSTAG

Kartoffelsalat mit Salsa und schwarzen Bohnen

Zu tun: Die Bohnen kochen, bevor du mit der Zubereitung des Kartoffelsalats beginnst.

SONNTAG

Ruhetag! Wärme dir die Quiche von Mittwoch auf.

EINKAUFSLISTE

GEMÜSE

2 kg Kartoffeln, davon 1 kg festkochend
1 Süßkartoffel (250 g)
8 rote Zwiebeln
4 Zwiebeln
7 Knoblauchzehen
1 Zucchini
1 Brokkoli
12 Tomaten
einige grüne Salatblätter
½ rote Chilischote
½ Zitrone

AUS DEM KÜHLREGAL

700 ml Pflanzendrink
200 ml vegane Sahne
200 g Joghurt
6 Eier
150–200 g geriebener Käse
10 g frische Hefe
Feta für die Quiche, falls gewünscht

TROCKENZUTATEN UND KONSERVEN

500 g Spaghetti
420 g getrocknete Belugalinsen
800 g gekochte weiße Bohnen
(320 g getrocknete)
425 g gekochte schwarze Bohnen
(170 g getrocknete)
300 g Grahammehl
450–500 g Weizenmehl
2 EL Mais- oder Kartoffelstärke
4 eingelegte gegrillte Paprika
1 Dose gehackte Tomaten (400 g)
5–6 sonnengetrocknete Tomaten
20 Oliven

WÜRZMITTEL

2 Würfel Gemüsebrühe
1 Prise geräuchertes Paprikapulver
6 TL getrockneter Oregano
1 TL getrocknetes Basilikum
1–2 TL Sambal Oelek
Salz, Pfeffer

TIEFKÜHLWARE

7 g TK-Petersilie
3 EL TK-Koriander

SONSTIGES

2 Scheiben altbackenes Brot
200 ml Rapsöl + Öl zum Braten
Weißweinessig

Spaghetti mit Zucchini-Tomaten-Sauce

4 Portionen • 30 Min. • vegan • 0,2 kg CO_2/Portion

Man kann nie zu viele Rezepte für einfache Tomatensaucen haben! Hier eine tolle Variante für die Zucchinisaison.

170 g getrocknete Belugalinsen
1 Zucchini
2 Knoblauchzehen, abgezogen
Öl zum Braten
5–6 sonnengetrocknete Tomaten
1 Dose gehackte Tomaten (400 g)
½ Würfel Gemüsebrühe
200 ml Wasser
1–2 TL getrockneter Oregano (oder ein anderes getrocknetes Kraut)

500 g Spaghetti

Die Belugalinsen in einem Topf mit reichlich Wasser 20–25 Minuten kochen.

Die Zucchini in kleine Stücke schneiden und den Knoblauch hacken. Beides in einer Pfanne in etwas Öl einige Minuten weich dünsten.

Die sonnengetrockneten Tomaten hacken, dann mit Dosentomaten, Brühwürfel, Wasser und Oregano in die Pfanne geben und das Ganze 10 Minuten köcheln. Unterdessen die Nudeln kochen.

Wenn die Belugalinsen gar sind, das Wasser abgießen und die Linsen in die Sauce geben. Bei Bedarf mit etwas Wasser bis zur gewünschten Konsistenz verdünnen.

Die Sauce auf den Spaghetti servieren.

Beluga-Blech mit Chimichurri

4 Portionen • 40 Min. • vegan • 0,1 kg CO_2/Portion

»Ui, wie lecker!«, hieß es, als meine Freunde das erste Mal dieses Ofengericht probeessen sollten. Eine Viertelstunde später war alles weg! So ein Blech mit Wurzelgemüse und Linsen ist geschmacklich beeindruckender, als man denkt! Aber das gilt ja für so gut wie alles, was man mit Chimichurri serviert.

1 Süßkartoffel (250 g), geschält
700 g Kartoffeln, geschält
1 rote Zwiebel, abgezogen
Öl
250 g getrocknete Belugalinsen
½ Würfel Gemüsebrühe

Chimichurri
1 Zwiebel, abgezogen
2 Knoblauchzehen, abgezogen
50 ml Öl
7 g TK-Petersilie oder
4 EL frisch gehackte Petersilie
2 EL TK-Koriander
1 EL Weißweinessig
½ TL Sambal Oelek

Zum Servieren
grüner Blattsalat nach Wahl

Den Backofen auf 225 °C vorheizen. Süßkartoffel, Kartoffeln und rote Zwiebeln in Spalten schneiden. Auf ein Backblech legen, mit etwas Öl beträufeln und 25 Minuten im Ofen backen.

Die Linsen abspülen und mit dem Brühwürfel in reichlich Wasser weich kochen (das dauert 20–25 Minuten).

Für die Chimichurri Zwiebel und Knoblauch fein hacken. In einer Schüssel mit den übrigen Zutaten verrühren. Im Mörser oder in der Küchenmaschine grob zerkleinern.

Wenn die Linsen gar sind, abgießen und mit der Hälfte der Chimichurri mischen.

Die Linsen und dann die restliche Chimichurri auf den Kartoffeln verteilen.

Das Großgericht der Woche, perfekt für die Lunchbox!

Griechische Tomaten-Oliven-Quiche

8 Portionen • 60 Min. • ovo-lacto-vegetarisch • 0,4 kg CO_2/Portion

In der Tomatensaison ist eine Tomatenquiche das perfekte Essen. Entweder nimmst du für dieses Rezept ein tiefes Backblech oder zwei Quicheformen. Eine fertige Quiche kannst du einfrieren und auftauen, wenn du mal keine Lust auf Kochen hast.

Quicheteig

250 g Grahammehl
250 g Weizenmehl
200 ml Rapsöl
4–6 EL Pflanzendrink
1 TL Salz

Füllung

6 rote Zwiebeln, abgezogen
6 Tomaten
20 Oliven

Eiermasse

6 Eier
600 ml Pflanzendrink
Salz, Pfeffer
½ EL getrockneter Oregano
150–200 g geriebener Käse nach Wahl
Feta zum Bestreuen, falls gewünscht

Den Backofen auf 225 °C vorheizen. Für den Quicheteig die beiden Mehlsorten in einer Schüssel mischen. Öl, Pflanzendrink und Salz untermengen. Den Teig kneten, als Boden in die Quicheformen oder das tiefe Backblech drücken und an den Seiten hochziehen. Im Ofen 10 Minuten backen. Herausnehmen und abkühlen lassen, während du die Füllung vorbereitest.

Zwiebeln und Tomaten in dünne Scheiben schneiden, die Oliven grob hacken. Alles auf dem Quicheboden verteilen.

Eier, Pflanzendrink, Salz, Pfeffer und Oregano in einer Schüssel verquirlen. Die Eiermasse über die Füllung auf den Quicheboden gießen und alles mit dem Käse bestreuen.

30 Minuten im Ofen backen, oder bis die Eiermasse gestockt ist. Herausnehmen und mit Feta – falls verwendet – bestreuen.

Einen kleinen Blattsalat dazu reichen.

Lieber vegan? *Anstelle der Eiermischung 600 ml Hafersahne mit 8 EL Weizenmehl verrühren. Veganen Käse verwenden.*

Tipp! *Ich habe immer etwas fertig geriebenen Käse im Tiefkühler. Perfekt für Quichetage!*

Brokkoli-Kartoffel-Suppe mit weißen Bohnen und Paprika-Croûtons

4 Portionen • 30 Min. • vegan • 0,1 kg CO_2/Portion

Was machst du mit altbackenem Brot? Nicht wegwerfen, hoffe ich! Aus trockenem Brot lassen sich erstklassige Croûtons herstellen. Mit geräuchertem Paprikapulver gewürzt schmeckt es fast wie Speckwürfel – passt prima zu Brokkoli. Übrigens ist diese glatte Suppe perfekt für alle, die eigentlich keine Bohnen mögen …

1 Zwiebel, abgezogen
2 Knoblauchzehen, abgezogen
Öl zum Braten
300 g Kartoffeln, geschält
1 Brokkoli
500 ml Wasser
1 Würfel Gemüsebrühe
200 ml vegane Sahne
320 g gekochte weiße Bohnen (120 g getrocknete)
Sambal Oelek nach Geschmack

Paprika-Croûtons

2 Scheiben trockenes Brot
1 EL Öl zum Braten
1 Prise Salz
2 Prisen geräuchertes Paprikapulver

Zwiebel und Knoblauch fein hacken und in einem Topf auf mittlerer Stufe in etwas Öl andünsten.

Kartoffeln und Brokkoli (auch den Strunk) würfeln und einige Minuten im Topf mitbraten. Wasser und Brühwürfel zugeben und alles 10 Minuten köcheln.

Vegane Sahne, Bohnen und (nach Geschmack) Sambal Oelek zugeben und die Suppe nochmals aufkochen. Die Suppe im Standmixer oder mit dem Stabmixer glatt pürieren.

Das trockene Brot würfeln und mit etwas Salz und Paprikapulver in Öl knusprig braten. Auf Küchenpapier abkühlen lassen.

Die Suppe mit den Croûtons als Topping servieren.

Tipp! *Wer »nichts zu verstecken« hat, braucht die Suppe gar nicht oder nur grob pürieren.*

Tipp 2! *Du willst die Suppe kochen, wenn Brokkoli keine Saison hat? Dann nimm 300–400 g Tiefkühlbrokkoli.*

Burger mit Tomaten-Bohnen-Patty

4 Portionen • 50 Min. (+ 8 Std. Teigruhe) • lacto-vegetarisch • 0,2 kg CO_2/Portion

Wenn im Sommer die Tomaten lecker sind, könnte ich zu praktisch jedem Gericht welche essen. Welch ein Glück, dass sie eine typische Hamburger-Zutat sind! Mit Pattys aus Bohnen und selbstgemachten Brötchen sind die Burger außerdem richtig günstig.

480 g gekochte weiße Bohnen (200 g getrocknete)
1 Zwiebel, abgezogen
2 Tomaten
1 TL getrocknetes Basilikum
1 TL getrockneter Oregano
½ TL Sambal Oelek
2 EL Mais- oder Kartoffelstärke
½ Würfel Gemüsebrühe
Öl zum Braten
einige grüne Salatblätter

Brötchen

10 g frische Hefe
250 ml lauwarmes Wasser
1 EL Öl
½ TL Salz
1 EL getrockneter Oregano
200–250 g Weizenmehl
50 g Grahammehl

Rote-Zwiebel-Pickle

1 rote Zwiebel, abgezogen
1 EL Weißweinessig

Knoblauchsauce

200 g Joghurt
1 Knoblauchzehe, abgezogen

Beginne mit dem Brötchenteig, entweder am Vortag oder am Morgen desselben Tages: Die Hefe in einer Schüssel im Wasser auflösen, Öl, Salz, Oregano und Mehle hinzugeben. Umrühren und mindestens 8 Stunden oder über Nacht im Kühlschrank gehen lassen.

Den Backofen auf 250 °C vorheizen.

Den Teig in 4 Portionen teilen und auf ein mit Backpapier belegtes Backblech legen (wenn er nicht fest genug ist, noch etwas Mehl einarbeiten). In der Mitte des Ofens 10 Minuten backen.

Die rote Zwiebel in dünne Ringe schneiden und in einer kleinen Schüssel im Essig marinieren. Beiseitestellen.

Für die Knoblauchsauce den Knoblauch fein hacken und mit dem Joghurt verrühren.

Für die Burger-Pattys die weißen Bohnen in einer Schüssel mit einer Gabel zerdrücken. Zwiebel und Tomaten fein hacken. Das Bohnenmus mit Gewürzen, Stärke und dem fein zerbroselten Brühwürfel vermengen. Zwiebel und Tomate unterheben und aus der Masse vier Bratlinge formen. Auf mittlerer Stufe in etwas Öl braten, bis sie rundum goldbraun sind.

Die Brötchen aufschneiden und mit Salat, Knoblauchsauce, Bratlingen und Rote-Zwiebel-Pickle belegen.

Lieber vegan? *Eine pflanzliche Joghurtalternative nehmen.*

Kartoffelsalat mit Salsa und schwarzen Bohnen

4 Portionen • 25 Min. • vegan • 0,2 kg CO_2/Portion

Ich mag einfache Gerichte, und dieses gehört dazu. Entweder isst du den Salat als Hauptgericht oder servierst ihn zu Gegrilltem.

1 kg festkochende Kartoffeln, geschält
425 g gekochte schwarze Bohnen (170 g getrocknete)

Salsa
1 Zwiebel, abgezogen
½ rote Chilischote
4 eingelegte gegrillte Paprika
4 Tomaten
Saft von ½ Zitrone
1 EL Öl
1 EL TK-Koriander
Salz

Die Kartoffeln in mundgerechte Stücke schneiden. In reichlich Salzwasser 10–15 Minuten garen.

Für die Salsa die Zwiebel fein hacken, die Chili entkernen und ebenfalls fein hacken. Paprika und Tomaten fein würfeln. Zwiebel, Chili, Paprika und Tomaten in einer Schüssel mit Öl, Zitronensaft und Koriander vermengen. Mit Salz abschmecken.

Wenn die Kartoffeln gar sind, abgießen und etwas abkühlen lassen. In einer Salatschüssel mit Salsa und gekochten schwarzen Bohnen vermengen.

Tipp! *Wenn du keine frischen Tomaten hast, kannst du auch ganze Tomaten aus der Dose verwenden – eine 400-g-Dose (ohne den Saft) sollte genau die richtige Menge sein.*

40-EURO-WOCHE IM AUGUST

Zurück an die Arbeit …

Denk an die Lunchbox!

MONTAG	**Blumenkohl-Curry**
DIENSTAG	**Karotten-Zucchini-Bratlinge** **Zu tun:** Die Kichererbsen für das Mittwochsgericht einweichen.
MITTWOCH	**Fliegender Jakob mit Blumenkohl-Bacon** **Das Großgericht der Woche!** Friere die Hälfte ein. **Zu tun:** Die weißen Bohnen für Donnerstag und Freitag einweichen.
DONNERSTAG	**Bandnudeln mit Petersilienpesto**
FREITAG	**Pizza bianco mit Blumenkohl und Champignons**
SAMSTAG	**Quiche mit Belugalinsenfüllung**
SONNTAG	Nimm den Fliegenden Jakob aus der Tiefkühltruhe.

GEMÜSE

500 g Kartoffeln, Sorte nach Wahl
1 Pastinake
5 Karotten
2 Zwiebeln
4 Knoblauchzehen
1 EL geriebener Ingwer
1,2 kg Blumenkohl
100 g Champignons
200 g Zucchini + 1 Zucchini
2 Tomaten
1½ Zitronen
5–10 Stängel Petersilie (oder 2 EL gehackte TK-Petersilie)
2 Bananen
1 Nektarine
frischer Thymian für die Pizza

AUS DEM KÜHLREGAL

400 ml vegane Sahne
400 ml Pflanzendrink
150 g Crème fraîche
200 g Joghurt
5 Eier
200 g geriebener Käse
50 g Käse
10 g frische Hefe

TROCKENZUTATEN UND KONSERVEN

500 g Reis
500 g Bandnudeln
240 g Weizenkörner
170 g Belugalinsen
270 g getrocknete rote Linsen
480 g gekochte weiße Bohnen (160 g getrocknete)
850 g gekochte Kichererbsen (340 g getrocknete)
50 g Sonnenblumenkerne
140 g Erdnusskerne
1 Dose gehackte oder ganze Tomaten (400 g)
4 EL Ketchup (oder Chilisauce)
3 EL Tomatenmark
1 TL Tahini
570 g Weizenmehl
120 g Grahammehl
2–3 EL Mais- oder Kartoffelstärke
5–6 sonnengetrocknete Tomaten

WÜRZMITTEL

2 Würfel Gemüsebrühe
1 EL Currypulver
3 TL Sambal Oelek
2 EL geräuchertes Paprikapulver
1 TL getrockneter Thymian
2 EL getrocknete Kräuter nach Wahl
Salz, Pfeffer

TIEFKÜHLWARE

je 1 EL Koriander, Petersilie und Basilikum

SONSTIGES

Öl

Einkaufsliste ←

Blumenkohl-Curry

4 Portionen • 30 Min. • vegan • 0,1 kg CO_2/Portion

Dieses Gericht habe ich in der ersten Woche nach dem Urlaub gekocht, als ich ehrlich gesagt nicht so viel Lust darauf hatte, mich wieder an den Herd zu stellen. Gleichzeitig wollte ich wieder in meine Routinen hineinkommen, und dafür kam mir dieses einfache Gericht gerade recht. Es ist schnell gemacht und super gut!

1 Zwiebel, abgezogen
1 Knoblauchzehe, abgezogen
1 EL frisch geriebener Ingwer
1 EL Currypulver
Öl zum Braten
400 g Blumenkohlröschen
500 g Kartoffeln, geschält
1 l Wasser
270 g getrocknete rote Linsen
1 Würfel Gemüsebrühe
1 EL TK-Koriander
Salz, Pfeffer

Zwiebel und Knoblauch fein hacken, dann in einem Topf mit Ingwer und Currypulver auf mittlerer Stufe in etwas Öl ein paar Minuten anbraten.

Blumenkohl und Kartoffeln in 1–2 cm dicke Würfel schneiden und in den Topf geben.

Wasser, Linsen und Brühwürfel zugeben und das Ganze 15 Minuten köcheln. Den Koriander einrühren.

Als Curry nach Belieben mit Reis als Beilage servieren oder für einen etwas sämigeren Eintopf grob mit dem Stabmixer pürieren.

Mit Salz und Pfeffer abschmecken.

Tipp! *Für etwas Extrasüße ein paar Rosinen mitkochen.*

Karotten-Zucchini-Bratlinge

4 Portionen • 40 Min. • ovo-lacto-vegetarisch • 0,3 kg CO_2/Portion

Ich mag es, wenn Gemüse die Hauptzutat in einem Gericht ist, statt nur eine Beilage zu sein. Gemüsefrikadellen finde ich daher perfekt! Karotten und Zucchini sind zu dieser Jahreszeit oft superbillig – das mag ich natürlich auch.

Gemüsebratlinge

200 g Zucchini
3 Karotten, geschält
Salz
40 g geriebener Käse
1 EL Petersilie (TK oder frisch gehackt)
1 TL Sambal Oelek
Pfeffer
2 Eier
2–3 EL Kartoffel- oder Maisstärke
Öl zum Braten

240 g Weizenkörner
½ Würfel Gemüsebrühe
1 Nektarine

Zitronensauce

½ Bio-Zitrone
200 g Joghurt

Zucchini und Karotten fein reiben und alle Flüssigkeit ausdrücken. Salzen und eine Weile stehen lassen, damit noch mehr Flüssigkeit austritt. Nochmals ausdrücken.

Das Gemüse in einer Schüssel mit Käse, Petersilie, Sambal Oelek und Pfeffer vermengen. Eier und Stärke einrühren. Die Masse zu Bratlingen formen und beiseitestellen.

Die Weizenkörner gemäß Packungsanweisung garen, dabei statt Salz den Brühwürfel verwenden. Den Weizen abgießen, die Nektarine hacken und dazugeben.

Die Schale der halben Zitrone abreiben und mit dem Joghurt verrühren, die Zitrone dann auspressen und auch den Saft unterrühren.

Etwas Öl in einer Pfanne auf mittlere Stufe erhitzen, die Bratlinge darin rundum goldbraun braten. Achtung: Erst wenden, wenn sie etwas fester geworden sind und sich auf der Unterseite bereits eine Kruste gebildet hat. Sollten die Bratlinge drohen auseinanderzufallen, sind sie noch nicht zum Wenden bereit.

Weizen und Bratlinge mit der Zitronensauce servieren.

Lieber vegan? *Die Eier durch »Chia-Eier« ersetzen: 1 EL Chiasamen mit 2 EL Wasser verrühren und 10 Minuten stehen lassen, sodass eine gelartige Masse entsteht. Den Käse durch veganen Käse oder Hefeflocken ersetzen und eine pflanzliche Joghurtalternative wählen.*

Das Großgericht der Woche, perfekt für die Lunchbox!

Fliegender Jakob mit Blumenkohl-Bacon

4 Portionen • 50 Min. • vegan • 0,4 kg CO_2/Portion

Hier ist meine vegane Variante des schwedischen Auflaufs »Fliegender Jakob«. Statt gebratenem Speck backe ich Blumenkohl mit geräuchertem Paprikapulver, und statt Huhn nehme ich Kichererbsen.

400 ml vegane Sahne
4 EL Ketchup (oder Chilisauce)
2 EL Tomatenmark
2 TL Sambal Oelek
850 g gekochte Kichererbsen (340 g getrocknete)
2 Bananen

Blumenkohl-»Speck«
600 g Blumenkohlröschen
2 TL geräuchertes Paprikapulver
Salz
Öl

500 g Reis (für 8 Portionen)

Topping
140 g Erdnüsse

Den Backofen auf 225 °C vorheizen. Vegane Sahne, Ketchup, Tomatenmark und Sambal Oelek verrühren.

Die Kichererbsen in einer Auflaufform verteilen. Die Bananen in Scheiben schneiden und darauflegen. Die Sahnemischung darübergießen und den Auflauf in den Ofen schieben. Den Timer auf 10 Minuten stellen.

Den Reis aufsetzen und gemäß Packungsanweisung kochen.

Den Blumenkohl fein hacken und mit Paprikapulver, Salz und Öl vermengen. Die Blumenkohlmischung auf einem Backblech ausbreiten und zum »Jakob« in den Ofen schieben, nachdem dieser 10 Minuten im Ofen war. Weitere 10 Minuten im Ofen rösten.

Den Jakob nach 20 Minuten herausnehmen und mit dem Blumenkohl-»Speck« und den Erdnüssen bestreuen.

Mit Reis servieren.

Tipp! *Blumenkohl-»Speck« ist auch für viele andere Gerichte ein Gewinn, z.B. als Topping für eine Suppe wie die auf Seite 110/111.*

Bandnudeln mit Petersilienpesto

4 Portionen • 30 Min. • lacto-vegetarisch • 0,3 kg CO_2/Portion

Wenn du frische Petersilie hast, kannst du schnell ein hausgemachtes, günstiges Pesto zubereiten. Klar, das Gleiche gilt auch für Tiefkühl-Petersilie. Was ich eigentlich sagen wollte, ist: Wirf die Stiele deiner Petersilie nicht weg!

Petersilienpesto
50 g Sonnenblumenkerne
5–10 Stängel Petersilie
(oder 2 EL TK-Petersilie)
1 EL TK-Basilikum
100 ml Raps- oder Olivenöl
1 Knoblauchzehe, abgezogen
50 g Käse, gern etwas pikant
Salz, Pfeffer
Bio-Zitronenschale, falls gewünscht

2 Karotten, geschält
1 Zucchini
240 g gekochte weiße Bohnen
(80 g getrocknete)

500 g Bandnudeln

Die Sonnenblumenkerne ohne Fett in einer Pfanne rösten. Zusammen mit Petersilie samt Stängeln, Basilikum, Öl und Knoblauch in einem Standmixer oder mit dem Stabmixer fein pürieren.

Den Käse reiben und ins Pesto rühren. Salzen und pfeffern. Die Zitronenschale, falls verwendet, einrühren und das Pesto beiseitestellen.

Die Nudeln kochen. Unterdessen Karotten und Zucchini mit einem Sparschäler in dünne Streifen hobeln.

Sobald die Nudeln gar sind, mit Pesto, weißen Bohnen, Karotten und Zucchini vermengen.

Lieber vegan? *Veganen Käse oder Hefeflocken als Käseersatz nehmen.*

Pizza bianco mit Blumenkohl und Champignons

4 Portionen • 1 Std. 10 Min. (inkl. Teigruhe) • lacto-vegetarisch • 0,5 kg CO_2/Portion

Dieses Pizzarezept entstand, weil ich etwas Blumenkohl übrig hatte, und der Meinung bin, dass man fast alles auf eine Pizza legen kann. Sogar Blumenkohl? Klar! Zusammen mit ein paar Champignons und einer Zitronen-Tahini-Creme ist das sogar ein richtiger Hit!

Pizzateig
10 g frische Hefe
200 ml lauwarmes Wasser
1 TL Salz
1 EL Oliven- oder Rapsöl
240 g gekochte weiße Bohnen (80 g getrocknete)
450 g Weizenmehl

Zitronencreme
1 Bio-Zitrone
150 g Crème fraîche
1 TL Tahini

Belag
100 g Champignons
200 g Blumenkohlröschen
1 TL getrockneter Thymian
Salz, Pfeffer
50 g geriebener Käse, am besten pikant
frischer Thymian

Die Hefe in eine Schüssel bröckeln. Das Wasser zugießen und umrühren, dann Salz und Öl einrühren. Die Bohnen pürieren und zufügen. Das Mehl zugeben und alles zu einem glatten Teig kneten. Einige Minuten weiterkneten und mit einem Geschirrtuch bedeckt 40 Minuten gehen lassen.

Den Backofen auf 250 °C vorheizen. Champignons und Blumenkohl in dünne Scheiben schneiden.

Für die Zitronencreme die Zitronenschale abreiben und mit dem ausgepressten Saft einer halben Zitrone in eine Schüssel geben. Tahini und Crème fraîche einrühren.

Den Teig auf bemehltem Backpapier zu zwei runden Pizzen oder für ein ganzes Backblech ausrollen. Mit der Zitronencreme bestreichen. Mit Champignons und Blumenkohl belegen, mit Thymian, Salz und Pfeffer würzen. Mit der Hälfte des Käses bestreuen und 10 Minuten im Ofen backen. Aus dem Ofen nehmen und mit restlichem Käse und Thymian bestreuen.

Lieber vegan? *Veganen Käse und vegane Crème fraîche verwenden.*

Quiche mit Belugalinsenfüllung

4–5 Portionen • 1 Std. 15 Min. • ovo-lacto-vegetarisch • 0,5 kg CO_2/Portion

Quiche ist ein perfektes Resteessen. Reststücke von Käse reibe ich komplett und friere sie ein. Dann habe immer geriebenen Käse auf Vorrat.

Quicheteig

120 g Grahammehl
120 g Weizenmehl
½ TL Salz
100 ml Rapsöl
2–3 EL Pflanzendrink

Belugalinsenfüllung

1 Zwiebel, abgezogen
2 Knoblauchzehen, abgezogen
1 Pastinake, geschält
Öl zum Braten
1 EL geräuchertes Paprikapulver
170 g getrocknete Belugalinsen
1 EL Tomatenmark
1 Dose gehackte Tomaten (400 g)
100–200 ml Wasser
½ Würfel Gemüsebrühe
5–6 sonnengetrocknete Tomaten, gehackt
2 EL getrocknete Kräuter, z.B. Basilikum, Oregano, Thymian
½ TL Sambal Oelek oder Chiliflocken, nach Belieben
Salz, Pfeffer
100 g geriebener Käse, gerne etwas pikant
2 Tomaten

Eiermasse

3 Eier
300 ml Pflanzendrink
Salz, Pfeffer

Den Backofen auf 200 °C vorheizen.

Für den Teig beide Mehlsorten mit dem Salz mischen. Öl und Pflanzendrink zufügen und gut vermengen. Den Teig mit den Händen gründlich kneten, dann in einer Spring- oder Quicheform am Boden andrücken und an den Seiten hochziehen.

Auf der untersten Schiene im Ofen 5 Minuten vorbacken.

Für die Füllung Zwiebel und Knoblauch fein hacken, die Pastinake reiben. Etwas Öl in einer Pfanne erhitzen, Zwiebel, Knoblauch und Pastinake bei mittlerer Hitze darin glasig dünsten. Mit geräuchertem Paprikapulver bestäuben.

Die Linsen abspülen und in die Pfanne geben. Tomatenmark, gehackte Tomaten und Wasser hinzugeben und den Brühwürfel hineinbröckeln. Auf mittlerer Stufe 20 Minuten köcheln. Die Sauce soll sämig einkochen.

Sonnengetrocknete Tomaten und Kräuter zufügen. Sambal Oelek – falls verwendet – zugeben. Mit Salz und Pfeffer abschmecken.

Die Eier mit dem Pflanzendrink verquirlen und alles mit Salz und Pfeffer abschmecken.

Die Füllung auf den Teig geben. Die Eiermasse über die Füllung gießen. Mit dem Käse bestreuen. Die Tomaten in Scheiben schneiden und auf die Quiche legen. Im Ofen 30–40 Minuten backen, bis die Eimasse gestockt ist.

Lieber vegan? *Für eine vegane »Eiermasse« 300 ml Hafersahne mit 4 EL Weizenmehl verquirlen.*

Perfekt für die Lunchbox!

40-EURO-WOCHE IM SEPTEMBER

MONTAG	**Spinatpasta mit Tomaten-Topping**
DIENSTAG	**Paprika-Champignon-Sauce mit Beluga-Reis** **Zu tun:** Die Mungbohnen für Mittwoch einweichen.
MITTWOCH	**Scharfes Mungbohnen-Dal** **Das Großgericht der Woche!** Friere die Hälfte für Sonntag ein. **Zu tun:** Die schwarzen Bohnen für Donnerstag und Freitag einweichen.
DONNERSTAG	**Spanische Tortilla mit marinierten Bohnen** **Zu tun:** Die schwarzen Bohnen für Samstag einweichen. Den Teig für die Burgerbrötchen über Nacht gehen lassen.
FREITAG	**Zaziki-Burger mit Tomaten-Oliven-Brötchen** Heb ein paar Brötchen für die Suppe am Samstag auf.
SAMSTAG	**Allereinfachste Linsensuppe**
SONNTAG	Mach dir einen ruhigen Tag und hol das leckere Dal von Mittwoch aus der Tiefkühltruhe.

EINKAUFSLISTE

GEMÜSE

600 g Kartoffeln, Sorte nach Wahl
6 Zwiebeln
2 rote Zwiebeln
12 Knoblauchzehen
⅓ Zucchini
200 g Champignons
7 cm Ingwer
3 Chilischoten

AUS DEM KÜHLREGAL

550 ml vegane Sahne
200 g Joghurt
5 Eier
10 g frische Hefe

TROCKENZUTATEN UND KONSERVEN

500 g Lumache, Orecchiette oder andere kleine Nudeln
660 g Reis
160 g getrocknete Belugalinsen
270 g getrocknete rote Linsen
900 g gekochte Mungbohnen (320 g getrocknete)
1 kg gekochte schwarze Bohnen (400 g getrocknete)
60 g Sonnenblumenkerne
4 Dosen gehackte Tomaten (à 400 g)
2 Dosen Kokosmilch (à 400 ml)
3 eingelegte gegrillte Paprika
12 sonnengetrocknete Tomaten
10 Oliven
250–450 g Weizenmehl
120 g Grahammehl
60 g Mais- oder Kartoffelstärke

WÜRZMITTEL

5 Würfel Gemüsebrühe
2 TL geräuchertes Paprikapulver
1 TL Paprikapulver
2 EL Sojasauce
4 TL Garam Masala
2 Lorbeerblätter
2 EL getrocknete Kräuter nach Wahl, z.B Petersilie, Thymian, Basilikum, Kräuter der Provence
1–2 TL Sambal Oelek
Salz, Pfeffer

TIEFKÜHLWARE

725 g Spinat
2 EL Koriander • 15 g Petersilie

SONSTIGES

Öl
1–2 EL Weißweinessig oder Zitronensaft

Spinatpasta mit Tomaten-Topping

4 Portionen • 20 Min. • vegan • 0,2 kg CO_2/Portion

Manchmal ist das Einfachste das Beste – dafür ist diese cremige Spinatpasta der Beweis.

2 Knoblauchzehen, abgezogen
250 ml vegane Sahne
225 g TK-Spinat, aufgetaut
1 Würfel Gemüsebrühe
Salz, Pfeffer

500 g Lumache, Orecchiette oder andere kleine Nudeln

Topping

8 sonnengetrocknete Tomaten
1 TL geräuchertes Paprikapulver
1–2 TL Sojasauce
Öl zum Braten
60 g Sonnenblumenkerne

Für das Topping die sonnengetrockneten Tomaten grob hacken und mit Paprikapulver und Sojasauce in etwas Öl anbraten. Beiseitestellen.

Für die Spinatsauce den Knoblauch fein hacken und in einer Pfanne auf mittlerer Stufe in etwas Öl anbraten.

Vegane Sahne, Spinat und Gemüsebrühe hinzugeben und das Ganze 5 Minuten köcheln. Mit Salz und Pfeffer abschmecken.

Unterdessen die Pasta kochen und die Sonnenblumenkerne in einer Pfanne trocken rösten, bis sie etwas Farbe annehmen.

Die Nudeln abgießen und mit der Spinatsauce vermengen. Mit Sonnenblumenkernen und sonnengetrockneten Tomaten bestreut servieren.

Paprika-Champignon-Sauce mit Beluga-Reis

4 Portionen • 30 Min. • vegan • 0,4 kg CO_2/Portion

Wie ihr wisst, liebe ich die günstigen Hülsenfrüchte, weil sie gut fürs Klima und für den Körper sind. Deshalb serviere ich sie gern auf unterschiedliche Arten. Dieses Mal sind sie in der Reisbeilage gelandet, statt in der Sauce. Auch über die Sauce sollten wir reden – so köstlich! Obwohl, reden bringt eigentlich nicht viel. Koch die Sauce lieber schnell nach.

1 Zwiebel, abgezogen
2 Knoblauchzehen, abgezogen
1 Chilischote
1 TL geräuchertes Paprikapulver
Öl zum Braten
200 g Champignons
300 ml vegane Sahne
3 eingelegte gegrillte Paprika
Salz, Pfeffer

Beluga-Reis

160 g getrocknete Belugalinsen
700 ml Wasser
1 Würfel Gemüsebrühe
160 g Reis

Für den Beluga-Reis die Linsen im Wasser kochen und den Brühwürfel hineinbröseln. Nach 10 Minuten Kochzeit den Reis zufügen und mitkochen.

Zwiebel, Knoblauch und Chili hacken und mit dem Paprikapulver in etwas Öl weich dünsten. Die Champignons in Scheiben schneiden und mitbraten, dann die vegane Sahne zugießen.

Die Paprika in Streifen schneiden und in die Sauce geben. Auf niedriger Stufe 10 Minuten köcheln. Mit Salz und Pfeffer abschmecken.

Den Beluga-Reis mit der Paprika-Champignon-Sauce servieren.

Scharfes Mungbohnen-Dal

8 Portionen • 45 Min. • vegan • 0,4 kg CO_2/Portion

Von diesem Eintopf solltest du ganz viel kochen – aus einem einfachen Grund: Er ist gut. Nein, supergut.

320 g getrocknete Mungbohnen (900 g gekochte)
2 Zwiebeln, abgezogen
4 Knoblauchzehen, abgezogen
2 rote Chilischoten
1 Stück Ingwer (4 cm)
4 TL Garam Masala
Öl zum Braten
2 Dosen gehackte Tomaten (à 400 g)
2 Dosen Kokosmilch (à 400 ml)
2 Würfel Gemüsebrühe
500 g gehackter TK-Spinat, aufgetaut
2 EL TK-Koriander
Salz

500 g Reis (für 8 Portionen)

Das Großgericht der Woche, perfekt für die Lunchbox!

Die Mungbohnen 8–12 Stunden einweichen, anschließend 20 Minuten garen.

Zwiebeln und Knoblauch fein hacken. Die Chili entkernen und hacken. Den Ingwer reiben.

Zwiebeln, Knoblauch, Chili und Ingwer sowie das Garam Masala in einem Topf in etwas Öl anbraten.

Gehackte Tomaten und Kokosmilch hinzugeben und die Brühwürfel hineinbröseln. Aufkochen, dann auf niedriger Stufe 25–30 Minuten köcheln.

Währenddessen auch den Reis garen.

Wenn der Eintopf etwas eingekocht ist, Spinat und Koriander hinzugeben und nach Geschmack salzen. Die Mungbohnen hinzugeben und erhitzen.

Mit dem Reis servieren.

Tipp! *Wenn du vorgegarte Mungbohnen findest, brauchst du sie nicht einzuweichen und vorzugaren.*

Spanische Tortilla mit marinierten Bohnen

4 Portionen • 40 Min. • ovo-vegetarisch • 0,2 kg CO_2/Portion

Ein richtig gutes und einfaches Alltagsgericht, bei dem du variieren kannst, wie du willst. Hier wird es mit marinierten Bohnen serviert.

600 g Kartoffeln, geschält
2 Zwiebeln, abgezogen
2–3 EL Öl zum Braten
Salz, Pfeffer
4 Eier
15 g TK-Petersilie

Marinierte Bohnen
2 EL Oliven- oder Rapsöl
1 TL Paprikapulver
½ TL Sambal Oelek
500 g gekochte schwarze Bohnen (200 g getrocknete)

Die Kartoffeln in millimeterdünne Scheiben hobeln (mit einer Mandoline oder einem Käschobel, falls vorhanden). Die Zwiebeln hacken. Kartoffelscheiben und Zwiebeln in einer großen Pfanne auf niedriger Stufe etwa 10 Minuten im Öl weich dünsten. Ein paarmal alles wenden, bis alle Kartoffeln gar sind. Mit Salz und Pfeffer würzen.

Unterdessen für die Bohnen Olivenöl, Paprikapulver und Sambal Oelek verrühren und über die schwarzen Bohnen geben.

Die Eier mit der Petersilie verquirlen und über die Kartoffel-Zwiebel-Mischung gießen. Ohne weiteres Rühren braten, bis die Eiermasse gestockt und in der Pfanne eine lockere Tortilla entstanden ist. Diese mithilfe eines Tellers wenden und auf der anderen Seite so lange braten, bis auch hier das Ei gestockt und goldbraun ist.

Die Tortilla mit den marinierten Bohnen servieren.

Lieber vegan? *Statt der Eier 200 g festen Tofu mit 100 ml Pflanzendrink nach Wahl und 2 EL Mais- oder Kartoffelstärke im Standmixer verrühren.*

Zaziki-Burger mit Tomaten-Oliven-Brötchen

4 Portionen • 50 Min. (+ 12 Std. Teigruhe) • ovo-lacto-vegetarisch • 0,2 kg CO_2/Portion

Dieser Burger ist schon so etwas wie ein Klassiker.

500 g gekochte schwarze Bohnen (200 g getrocknete)
60 g Mais- oder Kartoffelstärke
1 Zwiebel, gerieben
½ TL Salz, Pfeffer
1 Ei, verquirlt
Öl zum Braten

Brötchen (etwa 10 Stück)
10 g frische Hefe
500 ml kaltes Wasser
250–450 g Weizenmehl
120 g Grahammehl
1 TL Salz • 2 EL Öl
4 sonnengetrocknete Tomaten, klein geschnitten
10 Oliven

Zaziki
⅓ Zucchini
200 g Joghurt
2 Knoblauchzehen, abgezogen
Salz, Pfeffer
1 EL Öl

Rote-Zwiebel-Pickle
2 rote Zwiebeln, abgezogen
1–2 EL Weißweinessig oder Zitronensaft

Für den Brötchenteig am Vorabend die Hefe in kaltem Wasser auflösen. Beide Mehle, Salz und Öl einrühren. Tomaten und Oliven zufügen und alles gründlich kneten. Den Teig mit etwas Mehl bestreuen, die Schüssel mit Folie abdecken und für 10–12 Stunden in den Kühlschrank stellen.

Ein Backblech ganz unten in den Backofen schieben und diesen auf 275 °C vorheizen. Den Teig aus dem Kühlschrank nehmen und auf einer bemehlten Arbeitsfläche zu einem langen Strang rollen. In 10 Portionen teilen, jedes Stück zu einem Brötchen formen und auf ein weiteres, mit Backpapier belegtes Backblech legen.

Das Backblech in die mittlere Schiene des Ofens schieben. Auf das untere Backblech eine flache Schale mit Wasser stellen. Die Brötchen 10 Minuten backen, bis sie goldbraun sind. Herausnehmen und auf einem Kuchengitter abkühlen lassen.

Für die Pattys die Bohnen grob pürieren und in einer Schüssel mit Stärke, Zwiebel, Salz, Pfeffer und Ei vermengen.

Etwas Öl in einer Pfanne stark erhitzen. Aus der Bohnenmasse 4 Pattys formen und braten, bis sie eine Kruste bekommen. Die Hitze auf mittlere Stufe reduzieren und die Pattys von jeder Seite weitere 3–5 Minuten braten.

Für das Zaziki die Zucchini reiben und die Flüssigkeit ausdrücken. Mit Joghurt, durchgepresstem Knoblauch, Salz, Pfeffer und Öl verrühren.

Lieber vegan? *Als Eiersatz 1 EL Chiasamen in 2 EL Wasser quellen lassen. Statt Joghurt eine pflanzliche Alternative nehmen.*

Allereinfachste Linsensuppe

4 Portionen • 20 Min. • vegan • 0,2 kg CO_2/Portion

Ich liebe es, wenn der Herbst naht und es draußen so klar und frisch wird, dass ich am liebsten gar nicht mehr ins Haus gehen möchte. Eine Möglichkeit, mehr Zeit in der Natur zu verbringen, ist, draußen zu essen! Dafür fülle ich leckere heiße Suppe in eine Thermosflasche. Diese hier ist kinderleicht zuzubereiten. Du kannst sie natürlich auch am Esstisch verspeisen, aber ich möchte wirklich gern eine Lanze brechen für das Abendessen in der Natur!

2 Knoblauchzehen, abgezogen
1 Stück frischer Ingwer (3 cm), geschält
Öl zum Braten
1 Würfel Gemüsebrühe
2 Lorbeerblätter
1 EL Sojasauce
2 EL getrocknete Kräuter nach Wahl, z.B. Petersilie, Thymian, Basilikum, Kräuter der Provence
Sambal Oelek, nach Belieben
270 g getrocknete rote Linsen
2 Dosen passierte oder gehackte Tomaten (à 400 g)
200 ml Wasser
Salz, Pfeffer

Knoblauch und Ingwer fein hacken. In einem Topf auf mittlerer Stufe in etwas Öl anbraten.

Brühwürfel, Lorbeerblätter, Sojasauce, Kräuter und Sambal Oelek, falls verwendet, hinzufügen und mitbraten.

Die Linsen abspülen, in den Topf geben und einige Minuten mitbraten.

Tomaten und Wasser zufügen und auf niedriger Stufe 10–15 Minuten köcheln, bis die Linsen weich sind.

Eventuell noch mehr Wasser nachgießen, bis die gewünschte Konsistenz erreicht ist. Mit Salz und Pfeffer abschmecken.

Am besten mit Brötchen dazu servieren, z.B. mit den Tomaten-Oliven-Brötchen, die du gestern gebacken hast. Vielleicht sind ja noch welche übrig.

Vitamin D nicht vergessen!

40-EURO-WOCHE IM OKTOBER

MONTAG	**Grünkohlcrêpes** **Zu tun:** Die Kichererbsen für Dienstag, Donnerstag und Freitag einweichen.
DIENSTAG	**Wurzelgemüsesuppe mit Grünkohl und Kichererbsen**
MITTWOCH	**Cremiger Spinateintopf** **Das Großgericht der Woche!** Friere die Hälfte für Sonntag ein.
DONNERSTAG	**Weizensalat mit Zwiebel-Koriander-Dressing**
FREITAG	**Kichererbsentopf mit Zitrusnote** **Zu tun:** Die weißen Bohnen für Samstag einweichen.
SAMSTAG	**Kürbis-Blumenkohl-Pizza**
SONNTAG	Genieße deinen leckeren Spinateintopf von Mittwoch.

EINKAUFSLISTE

GEMÜSE

500 g Kartoffeln, Sorte nach Wahl
7 Karotten
3 Pastinaken
5 Zwiebeln
2 rote Zwiebeln
12 Knoblauchzehen
300 g Grünkohl
100 g Champignons
900 g Butternusskürbis
3 Chilischoten
1 Limette
2 Bio-Zitronen

AUS DEM KÜHLREGAL

400 ml Pflanzendrink
850 ml vegane Sahne
200 g Joghurt
2 EL Crème fraîche
Butter oder Margarine
3 Eier
10 g frische Hefe
100 g Feta

TROCKENZUTATEN UND KONSERVEN

500 g Reis
570 g Weizenkörner
1350 g gekochte Kichererbsen
(550 g getrocknete)
425 g getrocknete grüne Linsen
250 g gekochte weiße Bohnen
(80 g getrocknete)
100 g Buchweizenmehl
450–500 g Weizenmehl
2 eingelegte gegrillte Paprika
1 Dose gehackte Tomaten (400 g)

WÜRZMITTEL

4 Würfel Gemüsebrühe
2 TL gemahlenes Kardamom
2 TL gemahlener Kreuzkümmel
1 TL geräuchertes Paprikapulver
1 TL Sambal Oelek
2 Lorbeerblätter
1–2 TL getrockneter Thymian
2 TL Sojasauce
Salz, Pfeffer

TIEFKÜHLWARE

500 g gehackter Spinat
1 EL Koriander
2 EL Kräuter nach Wahl
300 g Rosenkohl

SONSTIGES

Öl
2 EL Weißweinessig

Grünkohlcrêpes

4 Portionen • 40 Min. • ovo-vegetarisch • 0,3 kg CO_2/Portion

Sowohl beruflich als auch privat fahre ich viel mit dem Zug, und damit ich vor lauter To-go-Essen nicht pleitegehe, habe ich immer meinen eigenen Proviant dabei. Am praktischsten dafür sind Gerichte, die auch kalt gut schmecken – wie diese Crêpes.

Buchweizen-Crêpes
100 g Buchweizenmehl
400 ml Pflanzendrink
1 Prise Salz
3 Eier
Butter oder Margarine zum Braten

Grünkohlfüllung
100 g Grünkohl
100 g Champignons
2 Knoblauchzehen, abgezogen
1–2 TL Sojasauce
1–2 EL vegane Sahne
Öl zum Braten
Salz, Pfeffer

Für den Teig Mehl, Pflanzendrink, Salz und Eier in einer Schüssel gründlich verquirlen. 10 Minuten quellen lassen.

Unterdessen die Blätter vom Grünkohl abzupfen und grob hacken, die Champignons ebenfalls grob hacken. Den Knoblauch zerdrücken. Alles in einer Pfanne auf mittlerer Stufe in etwas Öl weich dünsten.

Mit Sojasauce und veganer Sahne übergießen und mit Salz und Pfeffer abschmecken.

Die Crêpes in einer Pfanne auf mittlerer bis hoher Stufe in Butter oder Margarine backen. Die Füllung auf den fertigen Crêpes verteilen. Nach Belieben zur Hälfte falten oder einrollen.

Lieber vegan? *Für einen Teig ohne Eier 600 ml Pflanzendrink und 200 g Buchweizenmehl verquirlen und salzen.*

Tipp! *Diese Crêpes eignen sich als »Zugbegleiter«, aber auch als Beilage zu Suppe. Sogar bei einem Waldausflug haben sie sich schon bewährt.*

Tipp 2! *Hebe die Grünkohlstrünke und -blattrippen auf. Du kannst sie im Ofen rösten oder im Wok braten.*

Wurzelgemüsesuppe mit Grünkohl und Kichererbsen

4 Portionen • 40 Min. • vegan • 0,1 kg CO_2/Portion

Diese Suppe ist herrlich cremig und samtig – und schnell gemacht! Weil ich eine Topping-Liebhaberin bin, habe ich mir dafür natürlich auch ein gutes Topping ausgedacht: Grünkohlchips und Kichererbsen. Man muss nur ein bisschen aufpassen, dass die leckeren Grünkohlchips nicht direkt in den Mund springen!

Suppe

500 g Kartoffeln, geschält
250 g Butternusskürbis (oder Süßkartoffel), geschält
2 Karotten, geschält
2 Pastinaken, geschält
1 Zwiebel, abgezogen
2 Knoblauchzehen, abgezogen
Öl zum Braten
1 Chilischote
700–800 ml Wasser
1 Würfel Gemüsebrühe
200 ml vegane Sahne
Salz, Pfeffer

Topping

425 g gekochte Kichererbsen (170 g getrocknete)
Salz
Öl
1 TL geräuchertes Paprikapulver
100 g Grünkohl

Kartoffeln und Wurzelgemüse grob in Stücke schneiden. Zwiebel und Knoblauch hacken, dann in einem großen Topf in etwas Öl weich dünsten. Die Chili hacken und mitbraten. Das Gemüse ebenfalls zugeben und einige Minuten mitbraten, dabei ab und zu umrühren.

Das Wasser zugießen und den Brühwürfel hineinbröseln. Zugedeckt 10 Minuten kochen, bis Kartoffeln und Gemüse weich sind.

Die Suppe glatt pürieren. Die vegane Sahne zugeben, dann mit Salz und Pfeffer abschmecken. Die Suppe noch einmal aufkochen lassen und eventuell mit etwas Wasser verdünnen.

Für das Topping den Backofen auf 200 °C vorheizen. Die Kichererbsen auf einem Backblech verteilen, salzen, mit etwas Öl beträufeln, mit Paprikapulver bestäuben und gut vermischen.

Den Grünkohl in Stücke zupfen und mit etwas Öl und Salz vermischen. Auf das Blech zu den Kichererbsen legen und im Ofen 10–15 Minuten rösten, bis der Grünkohl knusprig ist.

Die Suppe mit dem Topping aus Kichererbsen und Grünkohlchips servieren.

Das Großgericht der Woche, perfekt für die Lunchbox!

Cremiger Spinateintopf

8 Portionen • 40 Min. • vegan • 0,3 kg CO_2/Portion

Dieser Eintopf entstand, als ich auf einer Wanderung war und auf meinem Gaskocher etwas kochen wollte. Mein Standardrezept hatte ich vereinfacht, dabei stellte ich fest, dass die schlichtere Variante sogar besser war! Weil in der Natur sowieso alles besser schmeckt, habe ich das Gericht noch mal zu Hause getestet und yes, es stimmte immer noch. Dieser Eintopf ist also das ultimative One-Pot-Gericht: perfekt zum Campen! Perfekt als Großgericht! Perfekt für Gäste am Abend!

425 g getrocknete grüne Linsen
500 g gehackter TK-Spinat
2 Zwiebeln, abgezogen
2 Knoblauchzehen, abgezogen
2 Chilischoten
Öl zum Braten
2 TL gemahlener Kardamom
2 TL gemahlener Kreuzkümmel
600 ml vegane Sahne
2 Würfel Gemüsebrühe
1 Limette
Salz, Pfeffer

500 g Reis (für 8 Portionen)

Den Reis gemäß Packungsanweisung kochen. Die grünen Linsen in einem separaten Topf in reichlich Wasser 20 Minuten garen, bis sie weich sind. Den Spinat auftauen lassen.

Unterdessen Zwiebeln, Knoblauch und Chili fein hacken. In einem weiteren Topf auf mittlerer Stufe in etwas Öl andünsten, dann Kardamom und Kreuzkümmel hinzugeben. Zwiebeln und Knoblauch sollten weich sein, aber nicht braun.

Die vegane Sahne hinzugießen, den Brühwürfel hineinbröseln und den Spinat zufügen. Köcheln, bis das Ganze weich und cremig ist.

Die gekochten Linsen in den Eintopf rühren. Mit Limettensaft, Salz und Pfeffer abschmecken.

Den Eintopf mit Reis servieren.

Weizensalat mit Zwiebel-Koriander-Dressing

4 Portionen • 30 Min. • vegan • 0,2 kg CO_2/Portion

In den Herbstmonaten sind Eintöpfe, Suppen und andere wärmende Gerichte immer willkommen. Aber vergessen wir nicht, dass auch ein gehaltvoller Salat gut in die Jahreszeit passen kann, besonders, wenn herbstliche Zutaten wie Rüben oder Kohl enthalten sind. Eigentlich kannst du an Gemüse hinzufügen, was du magst, aber lass auf keinen Fall das köstliche Dressing weg!

2 Karotten, geschält
1 Pastinake, geschält
Öl
Salz, Pfeffer
100 g Grünkohl
320 g Weizenkörner
425 g gekochte Kichererbsen (170 g getrocknete)

Dressing
1 rote Zwiebel, abgezogen
1 Knoblauchzehe, abgezogen
1 EL TK-Koriander
2 EL Weißweinessig
50 ml Raps- oder Olivenöl
1 TL Sambal Oelek

Den Backofen auf 225 °C vorheizen.

Karotten und Pastinake in mundgerechte Stücke schneiden, mit Öl beträufeln, salzen, pfeffern und 20 Minuten im Ofen rösten.

Den Grünkohl grob hacken, mit Öl beträufeln und salzen. In den letzten 3–4 Minuten der Röstzeit zu den Karotten und Pastinaken aufs Blech legen.

Unterdessen die Weizenkörner gemäß Packungsanweisung garen.

Für das Dressing Zwiebel und Knoblauch fein hacken. Mit Koriander, Essig, Öl und Sambal Oelek verrühren und ziehen lassen.

Wenn Gemüse und Weizenkörner gar sind, beides in einer Salatschüssel mit den Kichererbsen vermengen.

Mit dem Dressing servieren.

Kichererbsentopf mit Zitrusnote

4 Portionen • 60 Min. • lacto-vegetarisch • 0,3 kg CO_2/Portion

Eintöpfe mit einem Hauch von Zitrusfrische sind nicht nur lecker, sie wecken auch die Lebensgeister! Dank der Zitronenschale ist dies auch in diesem Kichererbsentopf der Fall.

250 g Weizenkörner
2 Zwiebeln, abgezogen
2 Knoblauchzehen, abgezogen
3 Karotten, geschält
250 g Butternusskürbis (oder Süßkartoffel)
2 eingelegte gegrillte Paprika
Öl zum Braten
1 Dose gehackte Tomaten (400 g)
200 ml Wasser
1 Würfel Gemüsebrühe
2 Lorbeerblätter
abgeriebene Schale von 1 Bio-Zitrone
2 EL TK-Kräuter, z.B. Petersilie, Koriander
Salz, Pfeffer
500 g gekochte Kichererbsen (210 g getrocknete)

Zum Servieren
200 g Joghurt

Die Weizenkörner gemäß Packungsanweisung garen.

Die Zwiebeln in Spalten schneiden, den Knoblauch fein hacken. Die Karotten in Scheiben schneiden, Kürbis und Paprika in mundgerechte Stücke schneiden.

Etwas Öl in einem Topf erhitzen und Zwiebel und Knoblauch darin andünsten. Karotten, Kürbis, Paprika, Dosentomaten und Wasser zugeben.

Den Brühwürfel hineinbröseln, die Lorbeerblätter zufügen. Den Eintopf aufkochen lassen, dann die Zitronenschale einrühren. Auf niedriger Stufe 20 Minuten köcheln.

Die Kräuter unterrühren, alles mit Salz und Pfeffer abschmecken und zum Schluss die Kichererbsen zugeben. Noch einmal 5 Minuten köcheln, bis die Kichererbsen durcherhitzt sind.

Mit Weizenkörnern und Joghurt servieren.

Lieber vegan? *Eine pflanzliche Joghurtalternative nehmen.*

Kürbis-Blumenkohl-Pizza

4 Portionen • 1 Std. 40 Min. (inkl. Teigruhe) •

lacto-vegetarisch • 0,3 kg CO_2/Portion

Diese orange Pizza könnte als Halloween-Pizza durchgehen. Die weißen Bohnen im Teig machen sie lecker und sättigend.

Pizzateig

10 g frische Hefe
200 ml lauwarmes Wasser
1 TL Salz
1 EL Rapsöl
250 g gekochte weiße Bohnen (80 g getrocknete)
450–500 g Weizenmehl

Kürbispüree

½ Butternusskürbis (400 g)
3 Knoblauchzehen, abgezogen
Öl
Salz
Schale von ½ Bio-Zitrone
2 EL Crème fraîche

Topping

300 g TK-Rosenkohl, aufgetaut
Öl
Salz, Pfeffer
Saft von ½ Zitrone
getrockneter Thymian
100 g Feta

Rote-Zwiebel-Pickle

1 rote Zwiebel, abgezogen
1 EL Essig

Für den Teig die Hefe in eine Schüssel bröckeln. Das Wasser zugießen und umrühren, Salz und Öl einrühren. Die Bohnen pürieren und unterrühren. Das Mehl einarbeiten, bis ein glatter Teig entsteht. Einige Minuten kneten, dann mit einem Geschirrtuch bedeckt 40 Minuten gehen lassen. Den Backofen auf 250 °C vorheizen.

Unterdessen den Kürbis entkernen und auf ein Backblech legen. Die Knoblauchzehen in die Ausbuchtung legen. Mit Öl einpinseln und salzen. 30 Minuten im Ofen backen, bis Kürbis und Knoblauch weich sind.

Den Kürbis aus dem Ofen nehmen, etwas abkühlen lassen und schälen. Mit Knoblauch, Zitronenschale und Crème fraîche im Mixer zu einem Püree verarbeiten.

Den Rosenkohl in Scheiben schneiden und mit Öl, Salz, Pfeffer und Zitronensaft vermengen. Die rote Zwiebel in Scheiben schneiden und im Essig marinieren. Beiseitestellen.

Den aufgegangenen Teig auf einem bemehlten Stück Backpapier ausrollen. Mit der Kürbiscreme bestreichen, die Rosenkohlscheiben darauflegen und die Pizza unter einem Geschirrtuch noch einmal 20 Minuten gehen lassen. Mit Salz, Pfeffer und Thymian würzen.

In der Mitte des Ofens 10–12 Minuten backen.

Die Pizza herausnehmen. Mit roten Zwiebeln und zerbröckeltem Feta bestreut servieren.

Lieber vegan? *Pflanzliche Crème fraîche und eine pflanzliche Feta-Alternative verwenden.*

40-EURO-WOCHE IM NOVEMBER

Pack die Lunchbox!

Denk an den Regenschirm!

MONTAG	**One Pot mit Kartoffeln, Tomaten und Linsen** **Zu tun:** Die Kichererbsen für Dienstag, Donnerstag und Samstag einweichen.
DIENSTAG	**Grünkohlsalat mit Dill und Kichererbsen**
MITTWOCH	**Curry-Kürbis-Topf mit Kichererbsen** **Das Großgericht der Woche!** Friere die Hälfte für Sonntag ein.
DONNERSTAG	**Rote-Bete-Suppe mit Fetacreme**
FREITAG	**Kohlgratin mit brauner Sauce und Kartoffeln**
SAMSTAG	**Pytt i panna mit der magischen Tahini-Sauce**
SONNTAG	Bediene dich an deinem Großgericht von Mittwoch.

EINKAUFSLISTE

GEMÜSE

2 kg Kartoffeln, Sorte nach Wahl
200 g Karotten
1 kg Butternusskürbis
1 Pastinake
700 g Rote Beten
5 Zwiebeln
2 rote Zwiebeln
8 Knoblauchzehen
900 g Weißkohl
300 g Grünkohl
½ rote Chilischote
1 großes Stück Ingwer
½ Zitrone
1 Limette

AUS DEM KÜHLREGAL

300 ml vegane Sahne
400 g Joghurt
100 g Feta
1 EL Butter oder Margarine

TROCKENZUTATEN UND KONSERVEN

800 g Mie-Nudeln
250 g Weizenkörner
270 g getrocknete rote Linsen
250 g getrocknete Belugalinsen
170 g getrocknete grüne Linsen
1,8 kg gekochte Kichererbsen (720 g getrocknete)
1 Dose gehackte Tomaten (400 g)
1 Dose Kokosmilch (400 ml)
6 sonnengetrocknete Tomaten in Öl (inkl. dem Öl)
100 g Erdnusskerne
1 EL Zuckerrübensirup
100 g Tahini
Mais- oder Kartoffelstärke
Preiselbeerkompott, falls gewünscht

WÜRZMITTEL

6½ Würfel Gemüsebrühe
3 EL Sojasauce
2 EL rote Currypaste
Sambal Oelek oder Chiliflocken
Salz, Pfeffer

TIEFKÜHLWARE

2 EL Petersilie
7 g Dill
2 EL Koriander

SONSTIGES

Öl
1 EL Essig oder Zitronensaft

One Pot mit Kartoffeln, Tomaten und Linsen

4 Portionen • 30 Min. • vegan • 0,1 kg CO_2/Portion

Ein herrlicher Herbsteintopf, der sich quasi von selbst kocht – in einem einzigen Topf bzw. Pot. Wie auch immer du ihn nennst – er schmeckt schön cremig!

1 Zwiebel, abgezogen
500 g Kartoffeln, geschält
½ rote Chilischote
200 g Weißkohl
Öl zum Braten
600 ml Wasser
1 Dose gehackte Tomaten (400 g)
1 Würfel Gemüsebrühe
270 g rote Linsen
100 g Grünkohl
2 EL TK-Petersilie
Sojasauce zum Abschmecken

Die Zwiebel hacken, die Kartoffeln in mundgerechte Stücke schneiden, die Chilischote fein hacken und den Weißkohl in Streifen schneiden. Etwas Öl in einem Topf auf mittlerer Stufe erhitzen, darin alle vorab zerkleinerten Zutaten dünsten, bis die Zwiebel weich zu werden beginnt.

Wasser, gehackte Tomaten und Brühwürfel hinzugeben und den Eintopf zugedeckt auf niedriger Stufe 15 Minuten köcheln.

Die Linsen abspülen und den Grünkohl grob hacken.

Linsen, Grünkohl und Petersilie in den Eintopf geben und weitere 10 Minuten köcheln, bis sowohl Kartoffeln als auch Linsen gar sind. Darauf achten, dass Kartoffeln und Linsen immer mit Flüssigkeit bedeckt sind, bei Bedarf mehr Wasser zugießen. Mit Sojasauce abschmecken.

Knuspriges Brot dazu servieren.

Grünkohlsalat mit Dill und Kichererbsen

4 Portionen • 20 Min. • vegan • 0,2 kg CO_2/Portion

Auf diesen Salat bin ich gekommen, als ich bei einem Spar-Event mit Lebensmitteln kochen sollte, die kurz vor dem Aussortieren standen. Er war so unglaublich lecker, dass ich ihn zur Sicherheit zu Hause noch einmal machte. Sonnengetrocknete Tomaten + Dill + Kichererbsen = GUT.

250 g Weizenkörner
1 Würfel Gemüsebrühe
200 g Grünkohl
2 Knoblauchzehen, abgezogen
Öl zum Braten
6 sonnengetrocknete Tomaten in Öl plus 50 ml vom Öl
7 g TK-Dill
510 g gekochte Kichererbsen (210 g getrocknete)
Salz, Pfeffer

Knoblauchsauce
1 Knoblauchzehe, abgezogen
200 g Joghurt
Salz, Pfeffer

Den Weizen gemäß Packungsanweisung garen, aber statt Salz den Brühwürfel hinzugeben.

Den Grünkohl grob, den Knoblauch fein hacken. Beides in einer Pfanne auf mittlerer Stufe in etwas Öl andünsten, bis der Grünkohl anfängt weich zu werden.

Die Tomaten grob hacken und in einer Salatschüssel mit Öl, Dill, Kichererbsen, Weizen und Grünkohl vermengen. Nach Geschmack salzen und pfeffern.

Den Knoblauch in den Joghurt pressen und umrühren. Mit Salz und Pfeffer abschmecken und die Sauce zum Salat servieren.

Lieber vegan? *Eine pflanzliche Joghurtalternative nehmen.*

Curry-Kürbis-Topf mit Kichererbsen

8 Portionen • 60 Min. • ovo-vegetarisch • 0,3 kg CO_2/Portion

Hurra, endlich ist Kürbiszeit! Nutzen wir die Gelegenheit und kochen diesen leckeren Eintopf!

2 rote Zwiebeln, abgezogen
2 Knoblauchzehen, abgezogen
1 Pastinake, geschält
1 kg Butternusskürbis
Öl zum Braten
2 EL rote Currypaste
1 EL frisch geriebener Ingwer
300–400 ml Wasser
1 Dose Kokosmilch (400 ml)
1 Würfel Gemüsebrühe
850 g gekochte Kichererbsen (350 g getrocknete)
2 EL TK-Koriander
Salz, Pfeffer
Sambal Oelek oder Chiliflocken, nach Belieben

Zum Servieren
100 g Erdnüsse, gehackt
1 Limette

800 g Mie-Nudeln (für 8 Portionen)

Das Großgericht der Woche, perfekt für die Lunchbox!

Zwiebeln und Knoblauch fein hacken.

Die Pastinake in kleine Würfel schneiden. Den Kürbis schälen und in Würfel schneiden (die Kerne kann man supergut im Ofen rösten, siehe Tipp unten).

Etwas Öl in einem Topf erhitzen und darin rote Currypaste, Knoblauch, Zwiebeln und Ingwer braten, bis die Zwiebel weich ist. Pastinake, Kürbis, Wasser, Kokosmilch und Brühwürfel einrühren. Zugedeckt 30 Minuten köcheln.

Die Nudeln gemäß Packungsanweisung garen.

Wenn der Eintopf gar ist, Kichererbsen und Koriander zugeben und alles mit Salz, Pfeffer und Sambal Oelek oder Chiliflocken – falls verwendet – abschmecken. Noch einmal aufkochen, bis die Kichererbsen durcherhitzt sind.

Gehackte Erdnüsse und Limettenspalten dazu reichen.

Lieber vegan? *Anstelle der Mie-Nudeln mit Reisnudeln, Reis oder Weizenkörnern servieren.*

Tipp! *Die Kürbiskerne abspülen und trocknen lassen. Lege sie auf ein Backblech, träufle etwas Öl darüber, salze sie und röste sie bei 175 °C 20–30 Minuten im Ofen. Nun hast du einen leckeren Snack oder ein perfektes Topping für Suppen, das sich fast gratis anfühlt. Stay cheap!*

Rote-Bete-Suppe mit Fetacreme

4 Portionen • 40 Min. • lacto-vegetarisch • 0,3 kg CO_2/Portion

Okay, für dieses Rezept brauchst du etwas Muskelkraft, denn es gibt viel zu reiben. Aber das ist es wert! Später, wenn die Suppe köchelt, kannst du dir dann ein wohlverdientes Päuschen gönnen (oder Lockerungsübungen machen), um die Früchte deiner Arbeit zu genießen.

2 Zwiebeln, abgezogen
2 Knoblauchzehen, abgezogen
Öl zum Braten
170 g getrocknete grüne Linsen
1½ Liter Wasser
2 Würfel Gemüsebrühe
500 g Rote Beten
3 Kartoffeln
200 g Weißkohl
1 Stück Ingwer (3 cm)
1 EL Essig oder Zitronensaft
Salz, Pfeffer

Fetacreme
100 g Feta
200 g Joghurt
Salz, Pfeffer

Die Zwiebeln grob reiben und den Knoblauch fein hacken.

Etwas Öl in einem großen Topf erhitzen und Zwiebeln und Knoblauch darin auf mittlerer Stufe ein paar Minuten weich dünsten.

Die Linsen abspülen und in den Topf geben. Das Wasser zugießen und den Brühwürfel hineinbröseln. Den Deckel auflegen und die Suppe zum Kochen bringen. Sobald sie zu kochen beginnt, den Deckel abnehmen und die Hitze reduzieren. 10 Minuten sanft köcheln.

Rote Beten und Kartoffeln schälen und sehr grob reiben.

Den Weißkohl in feine Streifen schneiden, den Ingwer fein reiben.

Alles Geriebene und die Kohlstreifen in den Topf geben. Das Ganze weitere 10–15 Minuten köcheln.

Für die Fetacreme den Feta mit einer Gabel fein zerdrücken und mit dem Joghurt verrühren. Nach Geschmack salzen und pfeffern.

Sobald die Suppe fertig ist, Essig oder Zitronensaft zugeben. Ist sie zu dickflüssig, noch etwas Wasser zugießen, bis die gewünschte Konsistenz erreicht ist. Mit Salz und Pfeffer abschmecken.

Mit der Fetacreme und knusprigem Brot servieren.

Lieber vegan? *Zu pflanzlichem Joghurt und pflanzlichem Feta greifen.*

Kohlgratin mit brauner Sauce und Kartoffeln

4 Portionen • 1 Std. 15 Min. • vegan • 0,1 kg CO_2/Portion

Ein gutes, herbstliches Gericht, das ich gern mit viel Sauce esse! Falls du zuvor zufällig Preiselbeeren gepflückt hast: Zu diesem Gericht passen sie perfekt – geschmacklich und optisch.

Kohlgratin

250 g getrocknete Belugalinsen
1 Zwiebel, abgezogen
1 EL Sojasauce
Öl zum Braten
schwarzer Pfeffer
500 g Weißkohl
1 EL Butter oder Margarine plus etwas mehr für die Form
1 EL Zuckerrübensirup

Sauce

300 ml vegane Sahne
½ Würfel Gemüsebrühe
1 TL Sojasauce
Pfeffer
Mais- oder Kartoffelstärke, nach Belieben

1 kg Kartoffeln, geschält

Zum Servieren

Preiselbeeren, frisch oder aus dem Glas

Den Backofen auf 200 °C vorheizen.

Die Linsen bissfest garen, das dauert etwa 20 Minuten.

Die Zwiebel in dünne Ringe schneiden, dann mit der Sojasauce in etwas Öl anbraten. Mit den gekochten Linsen mischen und mit schwarzem Pfeffer abschmecken.

Den Weißkohl in feine Streifen schneiden und in einer separaten Pfanne in der Butter weich dünsten. Mit Sirup beträufeln und umrühren.

Eine Auflaufform buttern. Abwechselnd eine Lage Weißkohl und eine Lage Linsenmischung darin verteilen, mit einer Lage Weißkohl abschließen.

In der Mitte des Ofens 40 Minuten backen.

Unterdessen die Kartoffeln in Salzwasser garen.

Für die Sauce die vegane Sahne in einem Topf erwärmen. Brühwürfel und Sojasauce einrühren und mit etwas Pfeffer würzen. Je nachdem, welche Art Sahne du verwendest, kann es sein, dass du die Sauce andicken musst, weil sie sonst zu dünn wird: Dazu 1 EL Stärke mit 3 EL (kalter) veganer Sahne verrühren, in die Sauce geben und aufkochen.

Das Kohlgratin mit Kartoffeln, Sauce und Preiselbeeren servieren.

Pytt i panna mit der magischen Tahini-Sauce

4 Portionen • 30 Min. • vegan • 0,1 kg CO_2/Portion

Das schwedische »Nationalgericht« Pytt i panna ist ein perfektes Resteessen, weil man einfach alles hineintun kann, was im Kühlschrank ist. Das habe ich auch hier gemacht, aber durch den Ingwer schmeckt es etwas exotischer, und anstelle der klassischen Eier habe ich eine richtig leckere Tahini-Sauce verwendet.

1 Zwiebel, abgezogen
200 g Karotten, geschält
300 g Kartoffeln, geschält
200 g Rote Beten
Öl zum Braten
1 EL frisch geriebener Ingwer
1 Würfel Gemüsebrühe
420 g gekochte Kichererbsen (160 g getrocknete)
Salz, Pfeffer

Sauce

1 Knoblauchzehe, abgezogen
Saft von ½ Zitrone
100 g Tahini
100 ml Wasser

Zwiebel, Karotten, Kartoffeln und Rote Beten in kleine Würfel schneiden. Auf mittlerer Stufe in etwas Öl anbraten. Den Ingwer dazugeben und den Brühwürfel hineinbröseln.

Etwa 10 Minuten auf niedriger Stufe braten, sodass die Roten Beten weich werden, ohne anzubrennen.

Zum Schluss die Kichererbsen zufügen und durcherhitzen. Mit Salz und Pfeffer abschmecken.

Für die Sauce den Knoblauch durchpressen, mit Zitronensaft, Tahini und Wasser verrühren.

Die Sauce separat dazu reichen.

Tipp! *Rote Beten haben die Tendenz, abzufärben. Wenn du nicht willst, dass alles in der Pfanne rosa wird, kannst du sie in einer separaten Pfanne braten.*

40-EURO-WOCHE IM DEZEMBER

MONTAG

Falafeln mit Orangensauce und Kartoffelspalten
Zu tun: Die gelben Erbsen morgens einweichen, damit du abends die Falafeln daraus machen kannst. Die Kichererbsen für Dienstag und Freitag einweichen.

DIENSTAG

Rosenkohlsalat mit Birne und roten Zwiebeln

MITTWOCH

Zwiebel-Kürbis-Quiche
Das Großgericht der Woche! Friere die Hälfte für Sonntag ein.
Zu tun: Die weißen Bohnen für Donnerstag und Samstag einweichen.

DONNERSTAG

Rote Bratlinge mit Kartoffelgratin

FREITAG

Weizen-Risotto mit buntem Topping

SAMSTAG

Rotkohl-Kürbis-Pizza mit Orangencreme

SONNTAG

Ruhetag! Genieße deine Quiche vom Mittwoch.

EINKAUFSLISTE

GEMÜSE UND OBST

2 kg Kartoffeln (1 kg mehligkochende + 1 kg (vorwiegend) festkochende)
1½ kg Butternusskürbisfruchtfleisch
500 g Rote Beten
6 Zwiebeln
7 rote Zwiebeln
6 Knoblauchzehen
500 g Rosenkohl
100 g Rotkohl
2 Birnen
2 Bio-Orangen

AUS DEM KÜHLREGAL

700 ml Pflanzendrink
400 ml vegane Sahne
200 g + 3 EL Crème fraîche
250 g Feta
100–150 g geriebener Käse nach Wahl
6 Eier
10 g frische Hefe

TROCKENZUTATEN UND KONSERVEN

250 g getrocknete gelbe Erbsen
775 g gekochte Kichererbsen (340 g getrocknete)
560 g gekochte weiße Bohnen (240 g getrocknete)
400 g Weizenkörner
1 Dose gehackte Tomaten (400 g)
5 eingelegte sonnengetrocknete Tomaten + Öl aus dem Glas
10 Oliven
2 EL Erdnussbutter oder Tahini
1 Handvoll Walnusskerne
250 g Grahammehl
580–600 g Weizenmehl
2 EL Mais- oder Kartoffelstärke

WÜRZMITTEL

3 Würfel Gemüsebrühe
1 TL gemahlene Nelken
1 TL gemahlener Ingwer
1 EL gemahlener Piment
5 TL getrockneter Thymian
2 TL geräuchertes Paprikapulver
2 Lorbeerblätter
1 TL Sojasauce
Salz, Pfeffer

SONSTIGES

100 ml Weißwein
2 EL Essig • Öl

Falafeln mit Orangensauce und Kartoffelspalten

4 Portionen • 40 Min. (+ 12 Std. Einweichen) •
lacto-vegetarisch • 0,3 kg CO_2/Portion

Für mich ist Weihnachten nicht zwangsläufig der Höhepunkt des Jahres, aber wenn Weihnachten ist, finde ich es trotzdem schön – mit vegetarischen Alternativen! Diese würzigen Falafeln sind perfekt für das Weihnachtsbuffet oder wenn du während der Feiertage jemanden beeindrucken willst. Ich mache sie aus gelben Erbsen und muss wohl nicht extra betonen, dass sie bedeutend klimaschonender sind als Fleischbällchen!

250 g getrocknete gelbe Erbsen
1 Zwiebel, abgezogen
1 Knoblauchzehe, abgezogen
1 Würfel Gemüsebrühe
2 EL Erdnussbutter oder Tahini
1 TL gemahlene Nelken
1 TL gemahlener Ingwer
1 EL gemahlener Piment
Öl zum Braten oder Frittieren

Orangensauce

abgeriebene Schale und Saft von ½ Bio-Orange
200 g Crème fraîche
1 Prise Salz

Kartoffelspalten

1 kg (vorwiegend) festkochende Kartoffeln, gründlich abgebürstet
Salz, Öl

Die Erbsen am Vortag einweichen, dann abgießen.

Den Backofen auf 225 °C vorheizen.

Die Kartoffeln in Spalten schneiden, auf ein Backblech legen, salzen und mit Öl beträufeln. Im Ofen 30 Minuten rösten.

Unterdessen für die Falafeln Zwiebel und Knoblauch grob hacken. Zusammen mit Erbsen, Brühwürfel, Erdnussbutter und allen Gewürzen im Standmixer fein zerkleinern.

Die Falafelmasse mit feuchten Händen zu 20–25 Kugeln rollen. Reichlich Öl in einer Pfanne erhitzen und die Falafeln darin ausbacken. Dabei immer wieder wenden, bis sie rundum goldbraun sind

Für die Sauce Schale und Saft der halben Orange mit der Crème fraîche verrühren und salzen.

Tipps! *Falafeln kann man einfrieren, du kannst sie also prima vorbereiten. Sollen die Falafeln weniger weihnachtlich schmecken, dann statt der Gewürze 1–2 EL TK-Petersilie zugeben. Garantiert weihnachtsfreier Geschmack, passend fürs ganze Jahr!*

Rosenkohlsalat mit Birne und roten Zwiebeln

4 Portionen • 30 Min. • lacto-vegetarisch • 0,3 kg CO_2/Portion

Rosenkohl + Birne + Feta sind eine tolle Kombination! Probiere diesen Salat, und du weißt, was ich meine.

160 g Weizenkörner
1 Würfel Gemüsebrühe
500 g Rosenkohl, geputzt
2 Birnen
425 g gekochte Kichererbsen (170 g getrocknete)
1–2 EL Rapsöl
100 g Feta

Rote-Zwiebel-Pickle

1 rote Zwiebel, abgezogen
1 EL Essig oder Zitronensaft oder Limettensaft

Den Weizen gemäß Packungsanweisung garen, dabei statt Salz den Brühwürfel verwenden.

Den Rosenkohl in einem separaten Topf in Salzwasser 5–7 Minuten kochen.

Unterdessen die Birnen in dünne Spalten schneiden.

Die rote Zwiebel in feine Scheiben schneiden und in einer kleinen Schüssel in etwas Essig oder Zitrussaft marinieren.

Weizen und Rosenkohl abgießen, in einer Salatschüssel mit Birnen, Kichererbsen und roten Zwiebeln vermengen. Das Rapsöl darüberträufeln und umrühren. Den Feta darüberbröckeln.

Lieber vegan? *Den Feta einfach gegen eine vegane Alternative austauschen.*

Zwiebel-Kürbis-Quiche

8 Portionen • 1 Std. 15 Min.• ovo-lacto-vegetarisch • 0,4 kg CO_2/Portion

Eine Quiche ist immer prima für ein Buffett, weil man sie so gut vorbereiten kann. Diese herrliche Quiche ist nicht nur lecker, sondern auch optisch ein Gewinn. Da sie sich außerdem gut einfrieren lässt, ist sie perfekt als Großgericht der Woche.

Quicheteig

250 g Grahammehl
250 g Weizenmehl
1 TL Salz
200 ml Rapsöl
4–6 EL Pflanzendrink

Füllung

1 kg Butternusskürbisfruchtfleisch
6 rote Zwiebeln, abgezogen
6 Eier
600 ml Pflanzendrink
2 TL getrockneter Thymian
Salz, Pfeffer
100–150 g geriebener Käse, Sorte nach Wahl

Das Großgericht der Woche, perfekt für die Lunchbox!

Den Backofen auf 200 °C vorheizen.

Beide Mehlsorten und Salz in einer Schüssel mischen. Öl und Pflanzendrink zugießen und alles zu einem festen Mürbeteig kneten. Nach Bedarf mehr Flüssigkeit oder Mehl hinzugeben.

Den Teig als Boden in zwei Quicheformen oder Springformen drücken, die Seiten hochziehen. Im Ofen 5 Minuten vorbacken.

Unterdessen den Kürbis schälen, Kürbis und Zwiebeln in dünne Scheiben schneiden.

Eier, Pflanzendrink, Thymian, Salz und Pfeffer in einer Schüssel verquirlen.

Die Kürbis- und Zwiebelscheiben in die vorgebackenen Quiches schichten.

Die Eiermischung darübergießen und die Quiches mit dem Käse bestreuen.

In der Mitte des Ofens 40 Minuten backen.

Lieber vegan? *Anstelle der Eiermischung 600 ml Hafersahne + 8 EL Weizenmehl verwenden und eine vegane Käsealternative wählen.*

Rote Bratlinge mit Kartoffelgratin

4 Portionen • 60 Min. • vegan • 0,1 kg CO_2/Portion

Wie lecker ist das denn?! Hier haben wir ein Essen, von dem ich nie genug bekommen kann. Die Bratlinge sind schön weich und saftig, das Ganze ist superpreiswert, also rundum perfekt!

Kartoffelgratin

1 kg mehligkochende Kartoffeln, geschält
2 Zwiebeln, abgezogen
2 Knoblauchzehen, abgezogen
400 ml vegane Sahne
Salz, Pfeffer, Öl

Rote-Bete-Bratlinge

500 g Rote Beten
320 g gekochte große weiße Bohnen (160 g getrocknete)
2 EL Kartoffel- oder Maisstärke
2 TL Thymian
Salz, Pfeffer
Öl zum Braten

Gebratene Zwiebeln

2 Zwiebeln, abgezogen
1 TL Sojasauce
Öl

Perfekt für Gäste am Abend!

Für das Gratin den Backofen auf 225 °C vorheizen. Die Kartoffeln in millimeterdünne Scheiben schneiden oder hobeln.

Die Zwiebeln in Ringe schneiden, den Knoblauch hacken.

Eine Auflaufform mit Öl ausstreichen, dann Kartoffeln, Zwiebeln und Knoblauch hineingeben.

Kräftig salzen und pfeffern und die vegane Sahne darübergießen.

Im Ofen 30–40 Minuten backen, bis die Kartoffeln weich sind.

Unterdessen für die Bratlinge die Roten Beten schälen und sehr grob reiben. Aus den geriebenen Beten so viel Flüssigkeit wie möglich herauspressen, dann in eine Schüssel geben.

Die weißen Bohnen mit der Gabel zerdrücken oder in der Küchenmaschine zerkleinern und untermengen. Stärke, Thymian sowie Salz und Pfeffer nach Geschmack zugeben. Aus der Masse acht Bratlinge formen.

Öl in einer Pfanne erhitzen und die Bratlinge darin auf mittlerer Stufe von jeder Seite 3–4 Minuten braten.

Die beiden Zwiebeln in Ringe schneiden und in etwas Öl und der Sojasauce glasig dünsten. Das Kartoffelgratin mit den Bratlingen und den gebratenen Zwiebeln servieren.

Weizen-Risotto mit buntem Topping

4 Portionen • 40 Min. • lacto-vegetarisch • 0,4 kg CO_2/Portion

Risotto ist eines meiner Lieblingsgerichte für Gäste. Und es muss nicht immer Reis sein – Risotto kann man mit vielen anderen Getreidesorten zubereiten. Dieses Weizen-Risotto ist so lecker, dass du deine Gäste damit überraschen und verwöhnen kannst. Du musst ja nicht verraten, wie cheap es ist!

1 Zwiebel, abgezogen
2 Knoblauchzehen, abgezogen
Öl zum Braten
2 TL geräuchertes Paprikapulver
100 ml Weißwein, nach Belieben
500 ml Wasser
1 Würfel Gemüsebrühe
240 g Weizenkörner
1 Dose gehackte Tomaten (400 g)
2 Lorbeerblätter
1 TL getrockneter Thymian
Salz, Pfeffer

Topping

5 sonnengetrocknete Tomaten
10 Oliven
350 g gekochte Kichererbsen (170 g getrocknete)
Öl von den sonnengetrockneten Tomaten
100 g Feta

Perfekt für Gäste am Abend!

Für das Risotto Zwiebel und Knoblauch fein hacken. Etwas Öl in einem Topf erhitzen und Zwiebel, Knoblauch und Paprikapulver darin anbraten, bis die Zwiebel glasig ist. Mit Weißwein ablöschen, falls verwendet.

Das Wasser in einem separaten Topf erhitzen und den Brühwürfel darin auflösen.

Den Weizen zur Zwiebelmischung geben und umrühren. Tomaten und Lorbeer zugeben. Eine Schöpfkelle Brühe zugießen und unter Rühren erwärmen. Weiterrühren. Sobald der Weizen die Flüssigkeit aufgesogen hat, eine weitere Kelle Brühe zugeben. Es dauert 15–20 Minuten, bis das Risotto gar ist. Die Brühemenge kann variieren, aber das Risotto sollte nicht feucht sein.

Das bissfeste Risotto mit Thymian, Salz und Pfeffer abschmecken. Vom Herd nehmen und zugedeckt noch etwa 10 Minuten quellen lassen.

Für das Topping Tomaten und Oliven hacken. Mit den Kichererbsen und etwas Würzöl vermengen, den Feta hinzubröckeln.

Das Risotto mit dem bunten Topping servieren.

Lieber vegan? *Veganen Feta nehmen.*

Tipps! *Mit Reis wird das Risotto ebenso gut; Milchreis funktioniert prima (und ist preisgünstiger als Arborioreis). Das Topping passt auch gut zu der Tomatensuppe von Seite 27.*

Rotkohl-Kürbis-Pizza mit Orangencreme

4 Portionen • 1 Std. 15 Min. • lacto-vegetarisch • 0,3 kg CO_2/Portion

Eine richtige Dezemberpizza mit Kürbis, Orange, Rotkohl und Walnüssen. Frisch und farbenfroh – genau das, was wir in der dunklen Jahreszeit brauchen!

Pizzateig

10 g frische Hefe
200 ml lauwarmes Wasser
1 TL Salz
1 EL Öl
330–350 g Weizenmehl

Orangencreme

240 g gekochte weiße Bohnen (80 g getrocknete)
3 EL Crème fraîche
abgeriebene Schale von ½ Bio-Orange
1 Knoblauchzehe, abgezogen
Saft von ½ Orange
Salz

Topping

500 g Butternusskürbis
100 g Rotkohl
Saft von ½ Orange
1 Handvoll Walnusskerne
50 g Feta

Für den Pizzateig die Hefe in eine Schüssel bröckeln. Das Wasser zugießen und umrühren, dann Salz und Öl einrühren. Das Mehl zufügen und alles zu einem glatten Teig kneten. Einige Minuten kneten und mit einem Geschirrtuch bedeckt 40 Minuten gehen lassen.

Den Backofen auf 250 °C vorheizen. Den aufgegangenen Teig auf einem bemehlten Stück Backpapier ausrollen.

Für die Creme die Bohnen mit Crème fraîche, Orangenschale und Knoblauch im Mixer pürieren, den Orangensaft unterrühren und weitermixen, bis eine glatte Creme entsteht. Leicht salzen und auf dem Pizzaboden verstreichen.

Den Kürbis schälen und in dünne Scheiben schneiden. Auf die Pizza legen und diese unter dem Geschirrtuch weitere 20 Minuten gehen lassen.

Die Pizza in der Mitte des Ofens 10–12 Minuten backen.

Währenddessen den Rotkohl in dünne Streifen schneiden und mit dem Orangensaft vermengen. Die Walnusskerne hacken und in einer Pfanne trocken rösten.

Die fertig gebackene Pizza mit Rotkohl, Walnusskernen und zerbröckeltem Feta belegen.

Lieber vegan? *Pflanzliche Crème fraîche und eine vegane Feta-Alternative verwenden.*

Rezeptverzeichnis

Allereinfachste Linsensuppe 142
Asiatischer Rosenkohl mit Erdnusssauce 34

Bandnudeln mit Petersilienpesto 124
Beluga-Blech mit Chimichurri 106
Blumenkohl-Curry 118
Bolognese aus gelben Erbsen 38
Brokkoli-Kartoffel-Suppe mit weißen Bohnen und Paprika-Croûtons 110
Buchweizenbratlinge mit Pommes und Ajvar-Sauce 78
Buchweizenrisotto mit Champignons und Spinat oder Brennnesseln 86
Bulgursalat mit weißen Bohnen in Petersilienmarinade 30
Burger mit Tomaten-Bohnen-Patty 112

Couscoussalat mit Tomaten-Bohnen-Paste 54
Cremiger Spinateintopf 150
Curry-Kürbis-Topf mit Kichererbsen 164

Falafeln mit Orangensauce und Kartoffelspalten 174

Erbsenbratlinge mit Ofengemüse 100
Erdnusstopf 94

Fliegender Jakob mit Blumenkohl-Bacon 122

Grünkohlcrêpes 146
Garam-Masala-Curry mit Tomate, Kokosmilch und Kichererbsen 80

Gemüsetopf mit Mungbohnen und Reis 62
Griechische Tomaten-Oliven-Quiche 108
Grüne Erbsensuppe 96
Grünkohlsalat mit Dill und Kichererbsen 162

Indischer Kartoffeltopf mit hausgemachtem Naan 44

Johannas Selleriegratin 36

Karottenlasagne mit Feta und sonnengetrockneten Tomaten 50
Karotten-Linsen-Suppe mit Kräuterbrot 48
Karotten-Zucchini-Bratlinge 120
Kartoffelpuffer mit Erbsen-Guacamole und marinierten schwarzen Bohnen 70
Kartoffelpüree mit Pilzsauce und grünen Bohnen in Knoblauch 22
Kartoffelsalat mit Belugalinsen und Zitronendressing 90
Kartoffelsalat mit Salsa und schwarzen Bohnen 114
Kernige Klößchen mit Karottenmus und Estragonsauce 68
Kichererbsentopf mit Zitrusnote 154
Kohlgratin mit brauner Sauce und Kartoffeln 168
Kohlpizza mit Zitronencreme 28
Kürbis-Blumenkohl-Pizza 156

Linsenlasagne mit BBQ-Feeling 24
Linsensuppe mit Wurzelgemüse und Paprika 40

Mais-Carbonara 76
Mais-Erdnuss-Suppe mit schwarzen Bohnen 72
Mais-Quesadillas 84
Marokkanischer Eintopf mit Couscous 52
Mexikanischer One Pot 56

One Pot mit Kartoffeln, Tomaten und Linsen 160

Paprika-Champignon-Sauce mit Beluga-Reis 134
Pizza bianco mit Blumenkohl
und Champignons 126
Pytt i panna mit der magischen Tahini-Sauce 170

Quiche mit Belugalinsenfüllung 128

Rauchige Karottenpizza 42
Rosenkohlsalat mit Birne und roten
Zwiebeln 176
Rote Bratlinge mit Kartoffelgratin 180
Rote-Bete-Falafeln mit
Karottenzaziki und Pommes 58
Rote-Bete-Suppe mit Fetacreme 166
Rotkohl-Kürbis-Pizza mit Orangencreme 184

Scharfes Mungbohnen-Dal 136
Spaghetti mit Paprikapesto und
gerösteten Kichererbsen 64
Spaghetti mit Zucchini-Tomaten-Sauce 104
Spanische Tortilla mit marinierten Bohnen 138
Spinat- oder Brennnesselsuppe 82
Spinatpasta mit Tomaten-Topping 132
Süßkartoffel-Wraps 98

Tandoori mit Linsen 66
Tomatensuppe mit Olivenpaste 26

Vegane Köttbullar mit
Spaghetti und Tomatensauce 92

Wärmendes Kartoffelgulasch 20
Weizen-Risotto mit buntem Topping 182
Weizensalat mit Zwiebel-Koriander-Dressing 152
Wurzelgemüsesuppe mit Grünkohl und
Kichererbsen 148

Zaziki-Burger mit Tomaten-Oliven-Brötchen 140
Zwiebel-Kürbis-Quiche 178

Danke

Vor einem Jahr ist mein erstes Buch herausgekommen, und eine solch positive Resonanz hätte ich mir nie träumen lassen! Tausend Dank an euch alle, die ihr das Buch gekauft und mir auch mitgeteilt habt, wie es euch geholfen hat. Ohne euch hätte ich nicht den Mut gehabt, ein weiteres Buch zu schreiben.

Ich freue mich sehr darüber, dass ich noch einmal mit dem Ordfront Verlag zusammenarbeiten durfte. Ein Extradankeschön an Ulrika, Emilie und Helena dafür, dass ihr so absolut großartig seid! Ich liebe es, mit euch zu arbeiten!

Danke an Myrorna Ropsten dafür, dass wir Porzellan leihen durften, und an Västergården für das Leihen eurer fantastischen handgefertigten Keramik. Ein besonderer Dank geht an CarbonCloud, deren Tool ich zur Berechnung der Klimabilanz meiner Rezepte anwenden durfte. Ich hoffe, dass immer mehr Restaurants und Rezeptautor*innen mitmachen, um deutlicher auf den Einfluss unseres Essens auf das Klima hinzuweisen.

Auch möchte ich meiner guten Freundin und mittlerweile Kollegin Johanna danken, mit der ich mich bei der Rezeptarbeit viel ausgetauscht habe und die an den intensiven Fotoshooting-Tagen dafür gesorgt hat, dass alles glatt lief. Ich freue mich so, dass ich mit dir arbeiten darf!

Während der Arbeit am Buch habe ich mich oft an meine Lieblingsorte in der Natur begeben, um Inspiration und neue Ideen zu bekommen, aber auch, um mich in den Momenten, in denen meine Gedanken ein bisschen zu schnell kreisten, zu erden. Danke, lieber Wald, dafür, dass du immer da bist und mich aufgenommen hast.

Zum Schluss möchte ich dem Baby in meinem Bauch danken, das während der ganzen Buchproduktion bei mir gewesen ist. Jeder Tritt war eine zarte Erinnerung daran, warum ich das hier tue: damit es ein bisschen einfacher wird, sich für das Richtige zu entscheiden. Für die Zukunft, die die kommenden Generationen hier auf unserem Planeten haben werden.